ちくま新書

平和構築入門

——その思想と方法を問いなおす

篠田英朗
Shinoda Hideaki

1033

平和構築入門
――その思想と方法を問いなおす

【目次】

略語表

CPA	包括的和平合意
DDR	武装解除・動員解除・社会再統合
ECCC	カンボジア特別法廷
ECOWAS	西アフリカ諸国経済共同体
ICC	国際刑事裁判所
ICTR	ルワンダ国際刑事法廷
ICTY	旧ユーゴスラビア国際刑事法廷
INTERFET	東ティモール国際軍
ISAF	国連治安支援部隊
KLA	コソボ解放軍
LTTE	タミル・イーラム・解放のトラ
MDGs	ミレニアム開発目標
MINUSMA	国連マリ多角的統合安定化ミッション
MSF	国境なき医師団
NIEO	新国際経済秩序
ODA	政府開発援助
OECD-DAC	経済協力開発機構／開発援助委員会
OEF	不朽の自由作戦
OHR	上級代表事務所
OSCE	欧州安全保障協力機構
PBC	平和構築委員会
PKO	平和維持活動
PoC	文民の保護
PRSP	貧困削減戦略文書
R2P	保護する責任
RPF	ルワンダ愛国戦線
SCSL	シエラレオネ特別法廷
SSR	治安部門改革
UN OCHA	国連人道問題調整事務所
UNDP	国連開発計画
UNHCR	国連難民高等弁務官事務所
UNICEF	国連児童基金
UNMIK	国連コソボ暫定行政ミッション
UNMIS	国連スーダン派遣団
UNTAC	国連カンボジア暫定統治機構
WFP	世界食糧計画

はじめに――問いかけとしての平和構築

私は大学院で「平和構築」を担当して教育にあたっている。学部では国際社会と国際協力について教えている。外務省やＪＩＣＡ《ジャイカ》（国際協力機構）の平和構築関連の各種事業にも携わってきた。この間、平和構築分野の国際社会の動きにも変化があったが、日本国内にも変化が生じているのを強く感じている。

冷戦終了後の一九九〇年代から国際協力活動を推進してきた世代は、日本も豊かになったのだから国際協力に積極的に取り組むべきだ、などと主張しがちである。こうした傾向は、中堅以上の日本人の国際機関職員などに、よく見られる。国際公益の達成を目標にして、日本がさらに行動すべきことを説く。しかし現代日本の若年層には、そのような訴えは通用しない。バブル崩壊後の日本しか知らない若年層にとっては、日本は経済大国になったのだから途上国等に利益を配分すべきだ、といった主張は、全く実感がわかないのである。

日本が豊かだから国外の人を助けるべきだという主張は、バブル崩壊後の経済停滞と一千兆円の政府債務を引き受けて生きる若年層にとっては、高度経済成長時代の日本を生きてきた世代の古い思考方法に見えてしまう。むしろそれは、日本社会のマイノリティ（少数者集団）である若い世代に一方的な犠牲を求める社会構造を作り出した発想にさえ見えてしまうかもしれない。

平和構築という問題分野は、大きな意味での国際協力の分野の中でも、特に国益の達成度が図りにくい分野かもしれない。通常の経済開発支援であれば、日本のコンサルタント企業や建設業者が関与することによって、直接的な日本社会への利益還元が説明されるかもしれない。資源国や隣国への支援であれば、外交上の利益が説明されるかもしれない。だが、なぜ日本人が、たとえば遠くアフリカ大陸で内戦に苛《さいな》まれているような社会を支援しなければならないのか。日本人が支援に関与すべきであるとすれば、それはなぜなのか。こうした問いは、伝統的なＯＤＡ（政府開発援助）などの枠組みからだけでは、必ずしも説明することができない。

それでは関与しないほうがいいのか。判然としない問いである。こうした問題は、関心を有する者たちが、自分たちで問いを発し、自分たちで回答を考えていくのでなければ、未消化のままになってしまう。

本書は、平和構築の基本的な性格を根本的なところから理解して考えてみたい人に向けて書かれた本である。そもそも私たち現代国際社会に生きる者たちが、そして現代日本に生きる者たちが、なぜ平和構築というものに取り組むのかについて、考えてみる。その上で、平和構築を行うために必要となる方法論を紹介しながら、いくつかの大きな問いについて、考えてみようとする書である。

本書は、平和構築の全体像を、ある程度は体系的に描き出すことを目指している。同時に、いくつかの問いを提示しながら、平和構築の悩みを見せていく。平和構築は、極めて動きの激しい政策課題であり、現実の変化に応じて、その内容が大きく変わる。現代世界では、変動が短期間に激しく起こることがあるので、平和構築の静態的な理解を自明視することは、極めて危険である。動きの激しい活動分野では、今日重要だとされている活動が、明日も同じように重要だと信じられているかは、不明である。今日重要だと語られているにすぎないことを、あたかも永遠に重要であるかのように誤解することは、無責任な振る舞いである。

そこで大切になってくるのは、平和構築において何が問題になっているのかを絶えず問い続ける姿勢である。問いを発し続けることによって、幻のように一時的な姿をとっているだけにすぎないかもしれない個々の政策的手段をこえて、平和構築の本質的課題に近づくことができるはずだからである。

＊

本書ではまず第1章において、そもそも平和構築という問題が、どのようにして現代世界に立ち現れてきたのかを考える。本書が強調するのは、ヨーロッパ列強による植民地化が地球の地表を覆い尽くした後に訪れた、「脱植民地化」の巨大なうねりが、国際社会の秩序を根本的につくり変えたということである。アフリカの最貧の小国であっても、国家主権原則の名の下に、アメリカ合衆国などと肩を並べて国連総会や外交交渉の場につくことが、道義的にも、法律的にも、そして政治的にも、当然とみなされる時代になった。

しかし実は、人類はまだこの新しい秩序に慣れ切っていない。武力紛争が発生し続けているのが、脱植民地化の流れの中で独立国となった貧しい旧植民地国においてであるのは、偶然ではない。

平和構築とは、現在のわれわれの生きる国際社会が、現存の秩序原理のまま存続していくための活動である。なぜか。武力紛争が数多く発生している地域は、多くの社会的・経済的・政治的問題が集積している地域であり、そこにおいて平和構築が失敗し、あるいは忌避されてしまったら、国際社会は自らの内側に秩序の及ばない手のつけられないブラックホールを抱え込むことになってしまうからである。予防・拡散防止・根絶のための手段を講じるのでなければ、われわれは、そのブラックホールが拡大して国際社会全体を飲み込んでしまうのを、呆然と見守る以外に手がない状態に追い詰められてしまう。本質的に現地社会の問題であるはずの平和構築は、しかし同時に、国際社会全体の秩序の問題でもある。

それにしても武力紛争と平和構築の問題が、二〇世紀後半に確立された国際秩序の命運を決する問題だとすれば、それは日本にどう関わっているのだろうか。日本も国際社会の一員である限りにおいて、国際社会全体と運命を共有している。その事実から導き出される関与への期待の度合いに応じて、日本の関与の適正レベルは決まってくる。ただし重要なのは、投入する資金の総額ではない。平和構築とは国際社会の存続をかけた努力の営みであるという本書の主張からすれば、より重要なのは、日本が平和のための努力をして、国際社会の中で枢要な位置を占めようとする、そのやり方である。

平和構築は、国際社会がいっそう強固に発展していくための試金石である。各人は、あるいは各国は、平和構築に貢献することを通じて、国際社会全体に貢献する。こうした意味を持つ平和構築活動に従事することは、国際社会で活躍の場を求める若者にとって、大きな魅力を持つものであろうか。果たして日本の平和構築への貢献は、活力あふれる若者たちが魅力を感じることができるものであろうか。つまり平和構築に貢献することによって日本社会は若々しく活力ある社会になれるだろうか。

本書は、平和構築の問題を、政治・治安・法律・経済・人道の視点から捉えなおしていく。これによって、様々な分野に応じて、様々な葛藤を経験しながら、平和構築活動が展開する様子を問いなおす。平和構築は、国際社会の存続をかけた闘いの最前線の活動として、様々な分野で、大きな問いを投げかけながら、展開し続けている。

本書の第1章は、国際社会全体の秩序の歴史という俯瞰的な視野から、平和構築活動が持つ意味について議論を進める。そこで重要になるのは、現代世界には多くの武力紛争を抱え込み、人間開発指数における様々な指数も著しく低い、本書が「紛争ベルト地帯」と呼ぶ特定地域が存在しているということである。そのような地域が、安定的に国際社会の主要な構成員となるのか否かが、国際秩序の全体に関わる大きな問題である。

第2章以降では、主要な政策領域ごとに、平和構築の理論と課題を見ていくことにする。第2章は、政治分野の平和構築活動に焦点をあてながら、主権国家の建設という課題を直視することなくしては、平和構築を行うことができないという現実について分析を行う。特に和平合意の役割について検討するとともに、標準モデルの国家建設と、そうではない形態の国家建設について考える。

第3章では、武力行使と平和構築の不可分でありながら緊張した関係について考えつつ、あわせて「武装解除・動員解除・社会再統合（DDR）」「治安部門改革（SSR）」の概念的展開と、それらが平和構築全体に対して持つ意義についても検討を行う。

第4章では、犯罪処罰を通じた平和構築に焦点をあてる。法の支配の確立は、平和構築活動の主要な柱になっている。ここでは国際刑事裁判所（ICC）など国際戦争犯罪法廷の問題を題材にしながら、法の支配と結びついた平和構築のあり方について考える。

第5章では、開発援助と平和構築の結びつきについて、検討を行う。そもそも開発援助は平和構築の一部として認識されるようなものではなく、巨大な資金と多くの従事者をもって、むしろ平和構築支援を飲み込んでしまうようなものであるが、しかしそれだけに複雑な形で平和構築と絡み合ってくる。

第6章では、緊急の危機に対応して人命救助にあたる人道援助活動が、どのように平和構築と関係してくるのかを考察する。人道援助は、平和それ自体を目的にするわけではなく、多くの場合には政治的活動全体も忌避する傾向を持つので、副作用として平和構築に悪影響を与えてしまう場合があることについても論じる。

最後には、平和構築という政策課題が持つ現代世界における意義を、あらためて確認する。そして、主要な政策領域ごとに平和構築活動の内容を見ていく過程においても、われわれが現代世界でどう生きるのか、という問いがいつも重要になることを強調する。

第1章

なぜ平和構築に取り組むのか？

——現代世界の平和構築

今日の世界では、平和構築活動が、数多くの場所で行われている。国際社会が大々的な関与を示して行っているものから、現地社会の人々が独自のやり方で行っているものまで、様々な形態の平和構築活動が進められている。なぜだろうか。なぜ、それほど多くの平和構築活動が行われているのだろうか。

もちろん、数多くのニーズがあるがゆえに、平和構築活動は行われているのだろう。第一義的には、戦争に苛まれた平和ではない社会が世界各地に数多く存在するため、それらの社会に平和を作り出すための活動の必要性も高いわけである。だが、そうだとしても、なぜ国際社会はそれほどまでに大々的に平和構築に取り組むのだろうか。武力紛争後の社会的安定の再建は、現地社会の指導者層に委ねておけばよい課題ではないだろうか。アフリカの小国の紛争後の平和構築に、国連や、地域機構や、二国間援助を提供する諸国が関与し、貢献しようとするのは、いったいなぜなのだろうか。

本章では、まずこの問いに取り組んでみる。平和構築の歴史的・政治的背景を、国際社会全体の歴史・性格の観点から考えてみることを試みる。そして日本を含む国際社会の構成員たちが、様々な平和構築の努力に貢献しようとするのは、いったいなぜなのかという問いへの回答を模索する。

1　平和構築への意思と能力

†戦争は能力が低い人々の社会で起こるのか？

今日の世界では、戦争が絶えることがない。あるいは、戦争という状態ではないとしても、政治的騒乱、テロリズム、占領行為などによって、慢性的に不安定な状態に陥っている地域は、数多い。なぜだろうか。

多くの人々は、社会に安定を維持する能力が不足しているため、戦争が起こるのだという考え方に依拠している。そのため、能力が不足している社会を助けるために、国際的な支援が必要になる。

だがそれは自明のことだろうか。果たして本当に、戦争が起こっている社会とは、能力の低い人々が暮らす社会のことなのだろうか。そして能力が高い人々の国際的な支援が入りさえすれば、能力が低い人々の社会が抱えている問題は解決されていくのだろうか。

確かに、戦争が起こってしまった社会には、平和を維持するための「能力」または「意思」が不足していたのだろう。それは結果論としては言える。不足があってもなお平和な社会を求めるのであれば、平和を目指す「能力」および「意思」の強化が必要になる。そこで平和構築と呼ばれる活動が求められることになるわけなのだ。もし国際的な支援によって平和構築が促進されるのであれば、もちろんそのような支援は望ましいだろう。

だが、国際社会が支援して「能力」を高めてあげる仕組みが自明視されすぎると、平和構築の理解は一人歩きを始める。平和構築はやがて自国の安定を維持する能力を持っていない人々に、有能である国際社会の人々が支援を提供することだと解釈されるようになる。つまり、定義上、現地社会の人々とは能力を欠いている人々であり、国際社会の人々は有能な人々だということになり、能力の高い人々が、能力の低い人々を導く活動が、平和構築だということになる。言うまでもなく、ここには重大な論理の飛躍があり、極めて怪しい前提が導き出されてしまっている。

平和な社会をつくるためには、平和のための意思と能力が必要である。だがそれは、その社会に固有の文脈において初めて言えることだ。たとえば日本社会を平和に保つための能力を、世界全域で同じように適用することはできないだろう。今日の紛争後社会を典型例とする援助対象国では、国連職員と円滑なコミュニケーションを図ることができる人材、つまり援助業界の特殊単語を含む英語に堪能で、援助業界特有のやり方で運営されるプロジェクト管理の知識を持つ者が、優秀だとみなされる。しかし日本社会は、そのような人材をほとんど必要とせず、自国の社会を動かしてきている。優秀さの尺度が異なるのである。

そもそも世界の全ての人間の優秀さを普遍的かつ絶対的に測定する尺度など、あるはずがない。しかも、ある社会が平和になるかどうかも測定できるような社会的能力の普遍的な尺度など、存在するはずがない。ある社会を平和にするために求められる意思と能力とは、学校で生徒にテストを課するようにして優劣を比較することができる意思と能力のことではない。

ある社会が劣っているから戦争が起こり、国際社会は優れているから平和構築を実施するといった前提は、根拠のない、政策的に危険な偏見にほかならない。このことを見落としたとき、平和構築をはじめとするあらゆる国際支援活動は、抜け道のない落とし穴に陥っていくことになる。

†国際援助の陥穽

社会が劣っているから戦争が起こるかのような思考は、いったいどこから生まれてきたのだろうか。これは非常に最近の発想方法である。少なくとも、二〇世紀後半に国際的な援助活動が確立された後であろう。援助活動の中核で、平和構築がそのような発想を促進するようになったとすれば、それは冷戦以後の平和構築活動の拡大の時期においてであったに違いない。

伝統的な国際政治の見方では、それぞれの国家が、それぞれの国益を追求しているため、必然的に衝突が起こると説明された。こうした見方は、力の政治を強調する、いわゆる（政治的）現実主義者（Political Realist）と呼ばれる人々によって知られている。より平和学に近い立場でも、世界観は類似していた。国家があるから戦争が起こるという見方を踏襲し、特に超大国による身勝手な武力行使こそが戦争の要因であることを強調するところに、平和学は進展した。

もちろんこれらの見方の背景には、そもそも人間性の根源に戦争を引き起こす利己的性質があることを強調する思想がある。ハンス・モーゲンソーを典型例とする古典的な政治的現実主義の立場からは、世界各地の様々な戦争の原因は、国際的紛争であれ、国内紛争であれ、本質的には差異はない。人間性の利己的本質が、戦争を起こすのである。

ただし、現代世界の戦争のほとんどは、国家の内部で起こっている。国家が存在しているから戦争が起こっているというよりも、むしろ国家がきちんと存在していないから内戦が起こっている、というのが、今日の武力紛争の傾向を観察する者が共有している感覚であろう。現実主義の立場からすれば、内戦を防ぐために国家機構がつくられるが、国家機構を欠いているので内戦は不可避になる。

国連をはじめとする国際機関は、ことごとく現地の国家機構の基盤整備を通じて、永続的な平和を紛争（後）社会にもたらそうとしている。あるいは、アメリカのように、アフガニスタンやイラクの政権を駆逐する軍事行動をとることができる国は、より直接的に「国家建設（state-building）」活動を行って、新しい国家機構を作り出すことによって、永続的な平和をもたらそうとしている。

これらはいずれも、国家機構が十分に機能していなかったがゆえに内戦が起こってしまったので、国家機構を強化することこそが内戦を防ぐことにつながる、という見方に依拠している。つまり内戦とは、国家機構の不備によって生まれてくる現象だという考え方が背景にあり、それは国家としての「能力」が低いところに発生する、という比喩的言い方によって表現されてきた。

だが「戦争を防ぐ能力」とは、制度や習慣、あるいは政治経済情勢を総合的に勘案して初めて描写することができる概念であろう。少なくとも、戦争を防げなかったからといって、決してその社会の人々が絶対的に無能であるわけではない。

そもそも国内紛争も国際戦争も全く経験したことがないなどという国は、ほとんど存在しない。日本、アメリカ、欧州諸国といった典型的な「先進国」も、「戦争を防ぐ能力」を、歴史を超越して、絶対的に持っているわけではない。だとすれば、日本人はかつて無能であったが、今日では戦争が起こっていない期間の年数に比例して、有能になったのだということになる。つまり戊辰戦争やその後の西南戦争に至るまでの内乱を経験した明治初期の時代の日本人は無能であったが、今日の日本人は戦争を知らないので有能である、ということになる。

このような推論は、私たちの直感的な常識に合致しないだけでなく、様々な歴史的・社会的な環境要因を無視している。

実際の平和構築活動では、資金提供を行う「ドナー」の側が、支援を受ける「現地社会」の側よりも能力の面で優越しているかのような考え方が強くなりがちである。そのため、あたかも「ドナー」を模倣することによって、「現地社会」は平和で安定した社会に脱皮できるかのような考え方が、平和構築の政策に大きな影響を与えてしまうこともある。

†平和構築の自由主義理論

過去二〇年あまりの間の飛躍的な国際的な平和活動の質量の拡大に対して、学界ではローランド・パリスらによって、「平和構築の自由主義理論（liberal theory of peacebuilding)」をめぐる議論が巻き起こった。パリスによれば、一九九〇年代の国際平和活動の失敗の要因は、拙速な民主化と市場経済化を目指したことにあった。プロジェクトの成功や制度化の形式的進展を短期的に追い求めるドナーの意向に左右されることによって、平和構築活動は現地社会のニーズから乖離した。したがって国家建設の要素を強調する自由主義的な平和構築は、逆説的ながら現地社会主導の自律的な国家建設を阻害してしまうというジレンマを抱え込んだ、とパリスは主張した。

オリバー・リッチモンドらは、国連などの活動を通じた「自由主義的平和」の試みを、「上からの平和」と呼び、結局は国家機構の対外勢力への依存を延々と続けてしまうだけであると論じた。自由主義的な平和構築は、支援する側が中心になった平和構築であり、土着社会の正当性原理を破壊し、土着エリート間の伝統的な方法による紛争の解決を不可能にし、しばしば歪んだ政治的・経済的構造を助長しているとした。

もし武力紛争が、劣った社会において人々が劣っていることを原因にして発生するのであれば、確かに優れた社会の優れた人々を模倣させることこそが、効果的な平和構築活動だということになるだろう。しかし人々が劣っているから武力紛争が起こるなどという推論には、根拠がない。戦争が起こっていない国のやり方を導入しさえすれば、どんな紛争国でも平和になると言える根拠もない。そのような考え方に根差した平和構築活動は、失敗することを余儀なくされているだろう。

2　紛争多発地域の特徴

現代世界の紛争ベルト地帯

それにしても武力紛争が数多く起こっている地域には、何か共通の特徴がないだろうか。それは人々が劣っているといった事情ではないとして、しかし何か大きな歴史的背景を持つ特徴ではないだろうか。

かつて冷戦中であれば、地域紛争は、世界中に飛び火して広がっていた。今日の世界において、武力紛争は、特定の地域に集中して発生している。アフリカ大陸から中東・中央アジア・南アジアをへて東南アジアに至るベルト地域が、現代世界の武力紛争多発地帯である（図1・表1参照）。二一世紀になってからは、このベルト地帯の両端である南部アフリカと東南アジア、そして欧州では、安定化の傾向が生まれてきている。逆にベルト地帯の中央に位置する中東では、「アラブの春」以降にさらに不安定化してきている。

図1　世界の紛争ベルト地帯

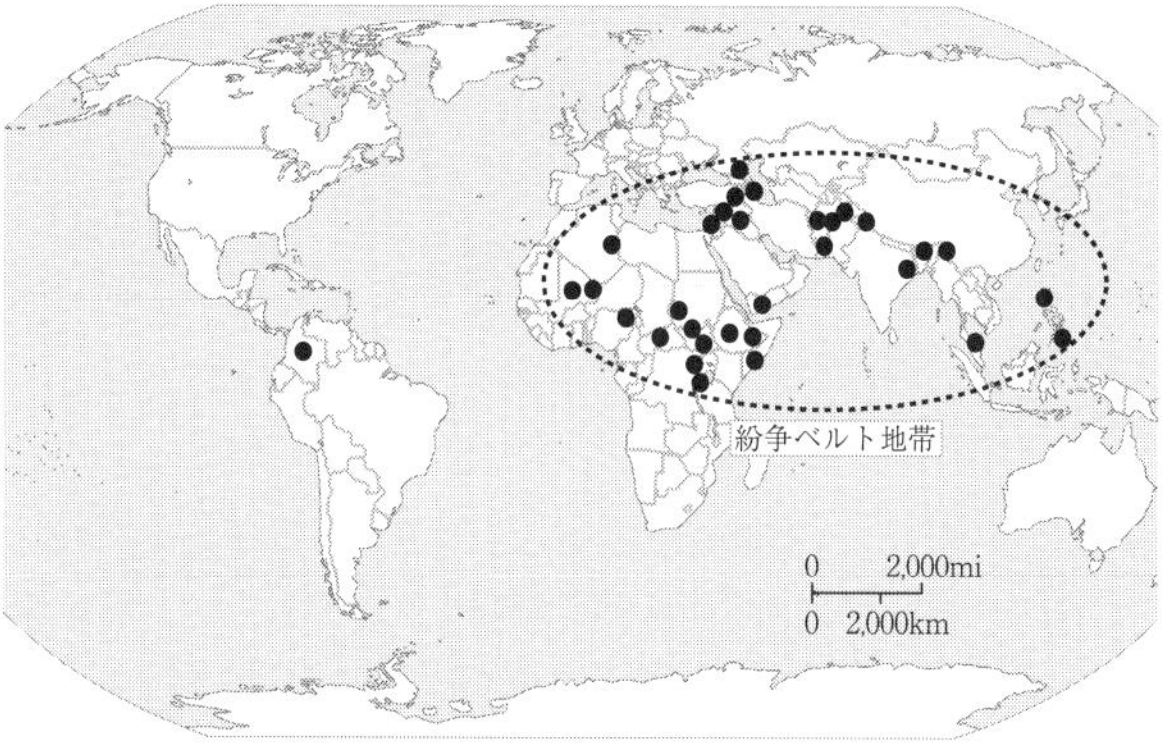

（National Geographic Society の地図を用いて UCDP の2012年の武力紛争データを基にして、篠田英朗と秋元悠が作成）

東南アジア諸国は、飛躍的な経済発展を基盤にして、今や紛争地域としての性格を払拭しつつある。ＡＳＥＡＮ（Association of South-East Asian Nations：東南アジア諸国連合）は、世界でも最も成功した地域機構の一つとなっており、地域の安定に寄与している。南部アフリカでは、南アフリカ共和国がアパルトヘイト体制を脱却して以来、構造的な不安定要因が消滅しただけでなく、経済成長に勢いがついた。かつては凄惨な武力紛争で知られたモザンビークやアンゴラも、安定化の道をたどっている。

一九九〇年代以降よく用いられた「サブサハラ・アフリカ（サハラ砂漠以南のアフリカ）」という言い方に代わって、最近では最も深刻で複合的な社会・経済問題を抱える紛争地域としては、より濃密に「サヘル」地域という言い方が頻繁に参照されるようになった。「サヘル」とはサハラ砂漠の南端部分に位置づけられる地域だが、二〇一三年現在で最も流動的な紛争国であるマリから、ナイジェリア、チャド、スーダン（ダルフール、南スーダン）などの紛争国に広がっている地域である。このサヘルに接する部分にさらに中央アフリカ共和国、ウガンダ、コンゴ民主共和国などの紛争地域がある。

このベルト地帯に属する諸国に共通しているのは、二〇世紀（後半）以降の脱植民地化の流れの中で独立を果たした新興独立諸国だということである。武力紛争の集中的発生という傾向は、これらの国々が形成する地帯を貫いて、武力紛争の温床があることを示している。民主化を求める大衆運動が、出口のない凄惨な内戦に展開したシリアや、流血の混乱をもたらしたエジプトなども、同じ地帯に属していることは言うまでもない。

これらの国々の多くは、共通の社会問題要素を持っている場合が多い。統治機構の脆弱性または腐敗度が高い。所得水準を含む「人間開発」指数の水準は低い。国境内の宗教・民族等の構成は複雑である。一次産品依存度は高い。さらに、人口増加率が高くて若年層が社会の圧倒的多数を占める「ユースバルジ」現象を持つ。

統治者が国家機構を「パトロン・クライアント」関係で成り立つ私的ネットワークで収奪する「新家産制国家」や、産業基盤がないまま天然資源収入だけに国家運営が依存して

表1　2012年の武力紛争

アフリカ	
アルジェリア	政府 vs. AQIM, MUJAO
中央アフリカ共和国	政府 vs. Seleka
エチオピア（オガデン）	政府 vs. ONLF
エチオピア（オロミヤ）	政府 vs. OLF
コンゴ民主共和国	政府 vs. M23
ナイジェリア	政府 vs. Boko Haram
ルワンダ	政府 vs. FDLR
ソマリア	政府 vs. Al-Shabaab
マリ（アザワド）	政府 vs. MNLA
マリ	政府 vs. Ansar Dine
スーダン	政府 vs. SRF
南スーダン	政府 vs. SSLM/A
スーダン／南スーダン(国境)	政府間
中東	
イラク	政府 vs. ISI
イスラエル（パレスチナ）	政府 vs. Hamas／政府 vs. PIJ
シリア	政府 vs. FSA 政府 vs. Jabhat al-Nusra li al-Sham
トルコ（クルディスタン）	政府 vs. PKK
イェーメン	政府 vs. AQAP
アジア	
アフガニスタン	政府 vs. Taleban
インド	政府 vs. CPI-Maoist
インド（ガロランド）	政府 vs. GNLA
インド（カシミール）	政府 vs. Kashmir insurgents
ミャンマー（カチン）	政府 vs. KIO
タイ（パッターニー）	政府 vs. Patani insurgents
パキスタン	政府 vs. TTP, TTP-TA, Lashkar-e-Islam
パキスタン（バルキスタン）	政府 vs. BLA, BRA, BLF
フィリピン	政府 vs. CPP
フィリピン（ミンダナオ）	政府 vs. ASG, BIFM
ヨーロッパ	
ロシア(コーカサス首長国)	政府 vs. Forces of the Caucasus Emirate
アゼルバイジャン (ナゴルノカラバフ)	政府 vs. ナゴルノカラバフ共和国
アメリカ	
コロンビア	政府 vs. FARC
アメリカ合衆国	政府 vs. al-Qaeda

(UCDPのデータを基に篠田英朗・秋元悠が作成)

いる「レンティア国家」などの問題も、この地域において最も顕著である。

なぜ新興独立諸国において、社会問題が深刻であり、武力紛争も多発しがちなのであろうか。言うまでもなく、共通する社会問題こそが、武力紛争の温床となっているからである。そしてその武力紛争の温床としての諸々の社会問題は、植民地化と脱植民地化の後に近代国家を作り出そうとしている地域において、共有されている。つまり植民地化の歴史、脆弱な社会構造、そして武力紛争は、相互に密接に連関している。

†紛争ベルト地帯が抱える問題

頻発するアフリカの紛争問題への対応を改善するために国連が一九九八年に公刊した報告書では、植民地化の歴史的遺産、国内統治体制の脆弱性、外部の政治情勢の影響、天然資源収奪等の経済的利益、などが紛争の構造的要因として列挙された。前年の一九九七年にはOECD-DAC（Organization for Economic Cooperation and Development：経済協力開発機構／Development Assistance Committee：開発援助委員会）が紛争予防の観点から開発援助を行うために公刊した報告書において、人口過密、政治的過渡期の危険、社会・経済格差の広がり、民族的その他の差異の政治的利用、天然資源や土地をめぐる争い、暴力の記憶が引き起こす連鎖などが、紛争原因としてあげられていた。まさに武力紛争ベルト地帯には、これらの諸問題が蔓延している。

ただし歴史的に見れば、それらの問題は人々が無能であるから生まれてきたというよりは、異なる生活形態を持っていた人々が、普遍化した国際社会の中に近代国家の一員として加わるという過程の中で生まれてきたと言うことができる。

世界銀行の開発研究グループを率いていたポール・コリアーらが二〇〇〇年に著した「貪欲と不満（Greed and Grievance）」論文は、「貪欲」な人々が機会の収奪を求めるところに紛争が生まれやすいと論じた。一六一カ国の一九六〇年代からの動向を分析することによって、コリアーらはむしろ紛争の発生は、一次産品への依存、低所得、低経済成長、などと密接な関係があることを論じた。

これらは「貪欲」な者が、簡単に資金源を確保し、簡単に人員を確保できる環境が存在していることを示しており、紛争は多くの場合このような「機会」の存在に誘発されて起こるとコリアーは指摘した。言うまでもなく、このような「機会」は、近代的な産業基盤に根差した経済発展の歴史を持たない新興独立諸国において、顕著に存在する。

「不満」を重視する立場からの理論もある。「水平的不平等（horizontal inequalities）」の理論を掲げるフランシス・スチュワートらは、多民族・多宗教社会において、「経済的・社会的・政治的次元における不平等」がある場合に、紛争が発生しやすいと論じた。つまり単なる諸個人間の格差ではなく、アイデンティティ集団間の水平的な関係の中に格差がある場合に、紛争が生まれやすいというのである。言うまでもなく、このような「格差」は、人工的につくられた植民地時代の境界線をそのまま国境線として国家が形成されていった地域において、顕著に存在する。

こうした歴史背景、社会問題、そして武力紛争の結びつきは、近代的な社会構造の変革に実際の社会の事情が適合していない地域において、武力紛争が発生しがちであることを示しているだろう。ただし土着の社会の事情とは異なる近代国家の樹立の過程において、矛盾や摩擦が生じるという事態は、現地社会の人々の能力一般の低さを意味してはいない。適合が困難だという状態は、人々が無能力だという状態とは、もちろん全く異なる。

†国際社会の問題としての紛争

世界のあらゆる民族に独立主権国家としての地位が与えられるという革命的教義にもとづいた国際社会が生まれることになったのは、実はようやく二〇世紀後半になってからである。ほんの数十年前、新興独立諸国の人々は、植民地化の桎梏《しっこく》から解き放たれた瞬間に、自分たちで近代国家の樹立を果たし、国際的な競争経済の中で産業基盤を固めるという課題を与えられたのである。そのような巨大な課題を突然与えられた地域の人々が、しばしば画期的な適合性を見せることができなかったとしても、課題の大きさを考えれば、決して驚くべきことではないだろう。それはむしろ単に、彼らが住んでいた伝統的な地域社会が、要請された標準的な近代国家モデルとは乖離していたという事情を、あるいは彼らが被った植民地化が、極めて悲惨な内容を持ち、否定的な遺産を残しさえした、という事情を物語るにすぎない。

今日の世界で紛争多発地帯となっているのは、二〇世紀の普遍的国際社会が形成される過程において生まれた新興独立諸国がひしめき合う地域である。そこは、つまり集合的に新たに独立国家として成立することになった諸国が、時には武力紛争や貧困の状態に陥りながらも、近代国家を樹立する苦しみと格闘し続けている地域である。それは現代世界の例外的な異常地域であるというよりは、二〇世紀後半に成立した「普遍的国際社会」が、数十年かけてもなお実質的な普遍化の完成を目指して格闘し続けている地域なのだと言うべきである。

私たちは、地域紛争について考える際に、一度完全なものとして成立した国際社会が、突発的かつ部分的にほころびを見せるのが地域的な武力紛争である、と考えてしまいがちである。しかし実際の事情は、むしろ逆である。そもそも、国際社会は、一度たりとも完全なものになったことはない。完全無欠であった国際社会に、たまたま能力的に劣った人々が住む場所で、突発的かつ地域的に脆弱性が生まれたわけではない。異質で適合しきれていない構成要素を抱え込みながら何とか成立したことになったのが現代の普遍的国際社会である。そのため、現在もなお、国際社会は異質で適合しきれていない構成要素を抱えているのである。

このように考えてみると、なぜ国際社会が平和構築活動に多大な努力を払うのかが見えてくる。平和構築活動とは、普遍的な国際社会が、真に普遍的なものとして自らを確立していくために、異質で適合しきれていない構成要素を同化していく作業なのである。このような努力がなければ、普遍的国際社会の存立基盤は深刻な崩壊の危機に陥る。だからこそ、国際社会は努力を払うのである。

3 国際社会の拡大と変質

†国際社会の拡大とその外部世界

それにしても、紛争が起こった社会に平和を作り出そうとする「国際社会」とは、いったい何であろうか。ここでは、「国際社会」とは、国境をこえて共通の普遍的な価値・規則・制度などを共有する人々の集団であると定義する。そこでは、数多くの国際組織がある一方で、超越的な世界政府は存在しない。国際社会の社会的統一性を維持しているのは、社会の構成員が共有している価値・規則・制度などである。

国際社会が標榜する価値・規則・制度の適用範囲を広げ、信奉者を増やすことは、国際社会の内的な拡大を意味する。だが逆に、もしそれらの共通の価値・規則・制度が守られていなかったり、あるいは挑戦されたりするときには、国際社会は外部からの敵に直面することになる。

ひとたび共通の価値・規則・制度などで成り立っている国際秩序からの逸脱者や、国際秩序に対抗する挑戦者が現れるときには、社会の外部の世界があることがわかってくる。国際社会は普遍的に存在しているがゆえに、自らの外部の世界が見つかれば、つまり国際社会の価値・規則・制度から逸脱していたり、それらに挑戦したりするものが見つかれば、是正のために行動することになる。

「イギリス学派」の国際関係学者であるヘドリー・ブルによれば、国際社会は、欧州に起源を持つ諸国家の社会である。当初はキリスト教の紐帯《ちゆうたい》を共有する欧州諸国の間で「キリスト教国際社会」として形成され始めた。政治共同体が世俗化されるようになった一七世紀以降には、バランス・オブ・パワーの制度などを共有する「ヨーロッパ国際社会」へと展開していった。一九世紀に頂点を迎えるヨーロッパ列強の帝国主義は、ヨーロッパ国際社会が地理的に膨張を続け、遂に地表のほぼ全てを覆い尽くす時代の巨大な運動であった。

この膨張しつくしたヨーロッパ国際社会は、二〇世紀前半の二つの世界大戦によって壊滅的な打撃を受けた。そして帝国の分裂・崩壊といった事件を引き起こして、二〇世紀に無数の新興独立諸国を生み出し、決定的な質的転換を遂げたのである。単なるヨーロッパ国際社会の膨張ではない「普遍的国際社会」が、つまり世界のあらゆる民族に独立主権国家としての地位が与えられるという革命的教義にもとづいた国際社会が、生まれることになったわけである。

ヨーロッパ国際社会は、地理的な膨張を遂げる過程において、構成単位の数を減らし続けた。一七世紀のウェストファリアの講和の時期において、ヨーロッパには数百の政治共同体の単位があった。しかし度重なる戦争と領土変更の結果、少数の大国の力が肥大化して領土も拡張し、小国は大国の勢力均衡政策の道具のように扱われ、簡単に併合もされた。二〇世紀前半になる頃には、ヨーロッパ情勢は一握りの数の大国によって構成される仕組みに作り替えられた。当時は、大国（Great Powers）だけが「主権国家（sovereign state）」の称号にふさわしいと考えられていたので、その他の国々は「半主権国家(quasi-sovereign state)

などと呼ばれたりした。

ちなみに一六四八年のウェストファリア講和条約によって絶対的な主権国家のシステムが始まったなどという非歴史的な「神話」は、近年では数多くの学術研究で否定されている。「ウェストファリア体制」とは、二〇世紀後半の国際政治学が学科上の便宜性のために作り出した「物語」にすぎない。内政不干渉・民族自決の原理にもとづく主権国家の国際秩序が確立されたのは、二〇世紀後半になってからである。近代の思想の産物である国家主権論は、二〇世紀初めまでは、限られた特別な国々だけのものであった。

それにしてもなぜ二〇世紀初頭に至るまでの時代に、国際社会はその構成要素の数を劇的に減らしながら、それでも地理的には膨張を続けたのだろうか。いわゆる近代と呼ばれる産業化の時代においては、諸国にとって資本蓄積を図りながら国際的な競争力を維持することは、独立国家としての生存のために必然的な要件であった。しかし苛烈な競争に生き残ることができたのは、ほんの少数の政治共同体であった。他のほとんどが、より大きな政治共同体に吸収されることによって、競争力のある政治共同体の一部へと生まれ変わっていった。適者生存の思想に飲み込まれていた当時のヨーロッパにおける近代的な主権国家の建設の過程は、今日の世界の紛争ベルト地帯で国際社会主導の支援によって進められている国家建設の過程とは、質的に異なるものであった。

†近代的主権国民国家の誕生

国際社会の拡大の過程で、決定的な役割を演じたのは、近代的な主権国民国家の誕生であった。一九世紀には限られた数の国家だけが主権国家として認められていたが、それらの少数の大国による力の行使が認められ、帝国主義的拡張が認められたことによって、国際社会の地理的な拡大が進んでいった。当時のヨーロッパ国際社会は、民族自決のような一般原理によって成立していたものではなく、大国が形成するバランス・オブ・パワーの秩序維持機能によって成立していた。大国間の力関係の均衡が維持される限り、帝国主義を通じた国際社会の地理的拡大は当然と考えられたのである。

ヨーロッパで市民革命と産業革命の後に生み出された近代という時代は、物質面・精神面での巨大な変化をもたらし、政治体制にも革命的な変化を導き出した。国民国家の登場は、近代という時代を政治面で象徴する事件である。国民と国家が同一物になる国民国家という制度は、歴史的にはフランス革命を経た後のヨーロッパにおいて初めて成立した。そしてイギリス産業革命を経た後のヨーロッパにおける圧倒的な産業生産力が、国民国家の力の拡大を後押しした。

二〇世紀以降の国際社会であれば、国民国家の理念は、世界の諸民族の独立を正当化し、脱植民地化を促進する役割を果たしたと言えるかもしれない。しかし一九世紀までの国際社会では、国民国家は、全世界の民族に約束されたものではなかった。むしろ国民国家として成立し、国力を増大させることに成功した一握りの大国だけが、優秀な民族＝国民の国家として特権的な地位を認められた。

ヨーロッパ国際社会が帝国主義を通じて地理的に拡大していった時代には、国民国家の理念は、優秀な民族＝国民が、優秀ではない民族を支配することを正当化するように働いたのである。優秀な民族＝国民であれば、大国としての地位を持つ主権国家を形成するであろう。反対に、優秀ではない世界の大多数の民族は、帝国主義的膨張を進めるヨーロッパの主権国家に服従するしかなかった。

近代国民国家の時代への巨大な転換において、最も重大な影響を放った要素は、戦争である。国内的な側面と、対外的な側面の両方において、戦争が国家建設に深く結びついている。

イギリスの名誉革命、アメリカの独立革命、そしてフランス革命は、国内における武力闘争が、対外的な戦争と結びついたものであった。イギリス名誉革命はオランダの軍事介入によって、アメリカ独立革命はフランスなどの諸国の参戦によって、そしてフランス革命はナポレオンの軍事的天才によって、革命勢力側に勝利がもたらされた。アメリカの南北戦争の決定的な影響は、内戦に北部の連邦軍が勝利し、南部を軍事占領し、南部諸州の代表が不在の間に合衆国憲法の修正が次々と進められたという事実によって、確立された。ドイツの場合であれば、そもそもプロイセンの鉄血政策によって統一がなされ、ロシアや中国のような後進国においても革命闘争が国民国家の形成を可能にした。

日本では革命勢力による戊辰戦争と、その後の一連の内戦の圧倒的な勝利が、近代国家建設の行方を決めた。近代的な国民国家の建設にあたっては、内政面における戦争と革命が、統一的な国家の理念を定め、国家形成の精神的土台を作り出してきたのである。

もちろん対外的な戦争も、国家建設に大きな役割を持った。ヨーロッパにおいて頻発した戦争こそが、国民国家を作り出した。二〇世紀の社会学の巨人、アンソニー・ギデンズが論じたように、戦争を行うために国家は変質し、戦争を行ったがゆえに国家は変質した。また、ブルが論じたように、ヨーロッパ国際社会の時代である一八、一九世紀において、戦争は、国際社会のある種の「制度」の一つであった。一九世紀になる頃には、国際秩序維持機能を果たす「大国」による寡占状態が生まれた。

国民国家の制度が拡充した国では、中央政府の財政力や軍事力も高まり、行政能力も向上した。国民国家のイデオロギー、つまり国家と国民を同一視する信念が定着して、徴兵制による国民軍を典型とする「大規模な常備軍」が可能となった。

常備軍は、対外的な戦争の規模を拡大させ、国家間の競争をよりいっそう熾烈なものにした。常備軍は、国民の国家への帰属意識を高める。そこで徴税・徴兵が進められるが、それによって政府の行政管理能力はいっそう強化される。兵士やその家族という肥大化した行政府職員の社会保障政策も拡充されることになる。

さらには彼らの政治参加への声も吸い上げられるようになる。戦争が総力戦の様相を呈するにしたがって、国民国家における市民権も広がった。たとえば、普通選挙は、一九世紀半ば以降に、フランス、ドイツ、アメリカといった国々で、国民国家の段階的形成の過程で導入されていったが、第一次世界大戦をへてやっとイギリスで男子普通選挙（一九一八年）、ドイツで世界初の完全普通選挙（一九一九年）、アメリカで女子参政権付与（一九二〇年）と進んでいった歴史的経緯は、国民国家の戦争が、大衆の政治参加を進める要因として働いたことを示す。

このようにヨーロッパの特殊な環境で「国民国家」が生まれ、帝国主義的拡張も起こった。しかし二〇世紀になって、この「国民国家」モデルが突然普遍化したことによって、矛盾が拡大していった。

†国際社会の拡大の傷跡

言うまでもなく、帝国主義による国際社会の地理的拡大の時代に、今日の世界における紛争ベルト地帯の新興独立諸国は、植民地化されていった。植民地経営の実態は、各地域によって異なるが、外国支配を受けた経験は、現地社会に大きな傷跡を残した。

たとえばヨーロッパ人たちが現地社会に人工的に統治集団と被統治集団を作り出したことによって、その後の部族紛争の歴史的温床が作り出されるなどした。植民地経営においてヨーロッパ本国の統治形態とは異なる圧政が敷かれた場合には、現地社会の人々に近代国家の存在を暴力的な統治としてしか見ることができない記憶が残された。そもそもヨーロッパ人たちが配慮なく設定した人工的な領土境界線は、独立後の国民統一を複雑化させるものであった。部族支配の社会構造が強く、伝統的に部族間関係の調整によって広域安定が図られていた地域においては、近代主権国家モデルの突然の導入は、現地社会の実態を無視する形でしか進めることができないものであった。

……もしあなたが一九世紀にアフリカ大陸の中央部に位置する大湖地域で、農業を営んで暮らしていた人物であったら、どうだろうか。自分の村の人々は、王様に服することになっていることを、あなたは知っている。

しかしある日突然、王様がヨーロッパから来た白人に従属することになったと知る。そしてたまたま背が高かったあなたは、植民地経営にやってきたベルギー人によって「ツチ」と呼ばれ、中間支配層と指定された。農業を捨てて植民地政府の役人になったあなたの子孫は、しかし二〇世紀になると突然ベルギー人が立ち去って、「ルワンダ国」なるものが成立したことを知らされる。

そのとき植民地時代に「フツ」と呼ばれた人々は、多数派の自分たちが味わった苦難の恨みのはけ口を「ツチ」の人々に向け始めた。あなたの子孫は、ベルギー人が作り出した「ツチ」と「フツ」なるものの区別によって、逃亡を余儀なくされる。いつのまにか「国境」をこえたあなたの子孫は、「難民」という聞きなれない単語で呼ばれる人生を送ることになる。なぜあなたの子孫はそのような苦労をすることになったのか。国際社会の専門家たちは教える。それは能力がなかったからだ、と……。

……もしあなたがナイル川流域に住むヌエル族の一員だったら、どうだろうか。世界戦争によって疲弊したイギリス人がアフリカにおける植民地経営から撤退することを知った。それからどうなるのかと思えば、遠く離れたナイル川の下流にいるアラブ人が植民地領を引き継いで「スーダン国」を統治するのだという。彼らは、自分たちの生活のことを何も知らないし、そもそも自分たちに役立つことをやってくれるとも思えない。だいたい彼らはイスラム教徒だが、ヌエル族がイスラム教徒のように扱われて統治されるということは全く想像できない。

信用できないと思っていると、アラブ人と戦争をして自分たちの国をつくろうというSPLMとかいう連中がやってきた。アラブ人の統治には関心がないということには賛同したが、SPLMとかいう連中がもう一つ別の国をつくって統治するというのは、どういうことなのか。

新しい国は南スーダン国とかいう名前らしいが、南のスーダンなどという名前は、どうもピンとこない。それよりヌエル族は近隣部族などとの間のもっと切迫した問題を自分たちで解決するために、武器も見つけてこなければならないが、仲間は殺され、牛もとられて、忙しい。すると国際社会の専門家が現れて言った。能力が足りないのだから、能力を開発すれば、問題は解決するのだ、と……。

国際社会の拡大は、世界の全ての地域の人々に、巨大な影響を与えた。ヨーロッパ国際社会がアフリカ大陸を飲み込んだときから、アフリカの農民たちも、近代的な主権国民国家の理念がもたらす情勢と、無縁では生きていけなくなった。植民地支配が終わった後に、主権国民国家などというアフリカ人が聞いたことのない原則にそった新しい政治共同体が設定されることになった。しかしほとんどの場合に結果として生まれたのは、国家運営の抜本的な改変というよりも、単に少数の血気盛んなアフリカ人がヨーロッパ人の代わりに国家機構を自由に動かすようになっただけの状態であった。

こうした歴史の中で生まれてきた問題、たとえば武力紛争のような問題は、現地社会の人々の能力の欠如だけを理由にして生まれてきている問題ではない。むしろ国際社会の拡大という巨大な世界史的事件が、より大きな構造的要因として存在している。現代世界の平和構築活動とは、国際社会の地理的拡大によって始まった世界大の混乱に、安定した国民国家からなる普遍的国際社会を完成させるという形で終止符を打つための試みである。だからこそ、地域紛争の混乱に際して、国際社会は介入してでも打開策を施す使命を負っているのである。

現代の平和構築が持つ構造的・歴史的な意味を要約すれば、次のようになるだろう。国際社会の不備が作り出す問題は、国際社会の完成によって解消すべきである、と。

だが果たして本当に、現代世界の平和構築活動は、世界各地で成功を収め、普遍的国際社会を完成へと導いているだろうか。この問いに対する検討は、本書の各章における議論を進めた後に、再び行ってみることにしたい。

第2章

主権国家は平和をつくるのか？
——政治部門の平和構築

現代世界の平和構築活動では、ますます「国家建設」といわれる活動との関係が深まっている。平和構築とは国家建設のことだ、と考えている研究者や実務家も少なくない。両者は同じだと考えるわけでなくても、平和構築の中核的な活動は国家建設と呼ぶべき国家機構の整備だ、と多くの研究者・実務家が考えるようになっている。

なぜ平和構築にとって国家建設がそれほどまでに重要だと考えられているのだろうか。どのような論理にもとづいて、平和構築としての国家建設の政策が進められているのだろうか。平和構築と国家建設が同義になるような傾向は、いつ頃に始まったのだろうか。

本章では、平和構築と国家建設が近接してきた動きの思想的背景、歴史的背景、および政策的背景などを探る。それによって「国家が平和をつくる」という思想にもとづいて拡大してきた平和構築の前提と現状を、総合的かつ批判的に再検討することを試みる。

国際社会が行う平和活動は、国家建設と呼ぶべき活動も取り込んできた。ただし平和構築を国家建設だけで理解することはできない。しかも実は、国家建設を国際社会から見た平和構築の活動領域だけで理解しようとすることもまた、不可能である。平和構築と国家建設の関わりについて考えることは、国家建設では収まりきらない平和構築の領域を考えつつ、さらに国際社会の活動としての平和構築をこえる平和構築の領域を考えることでもある。

本書は決して平和構築と国家建設の結びつきを全面的に否定しようとするものではない。しかし両者の結びつきは、現代世界の平和構築のあり方を特徴づける問題であるという認識の下に、あらためてその意味を探る。

1　国家建設という名の平和構築

†国家建設としての平和構築

今日では当然のこととみなされている「平和をつくる」ためには「国家をつくる」ことが必要不可欠だという考え方は、社会の秩序維持に絶対に中枢の役割を持たなければならないのが「国家」だという前提に立っている。そのため近年の平和構築活動においては、特に安全保障に関する国家機構の改革・整備に注意を払いながら、国家建設活動と結びつける事例が多く発生している。一九世紀までのヨーロッパでは、「主権国家」の数は減少し続けていたが、二〇世紀に入って反転し、増加し続けている（図2参照）。

これは普遍的な常識であるというよりは、正しいか否かを別にして、ある一つの思想体

図２　国連加盟国数の推移

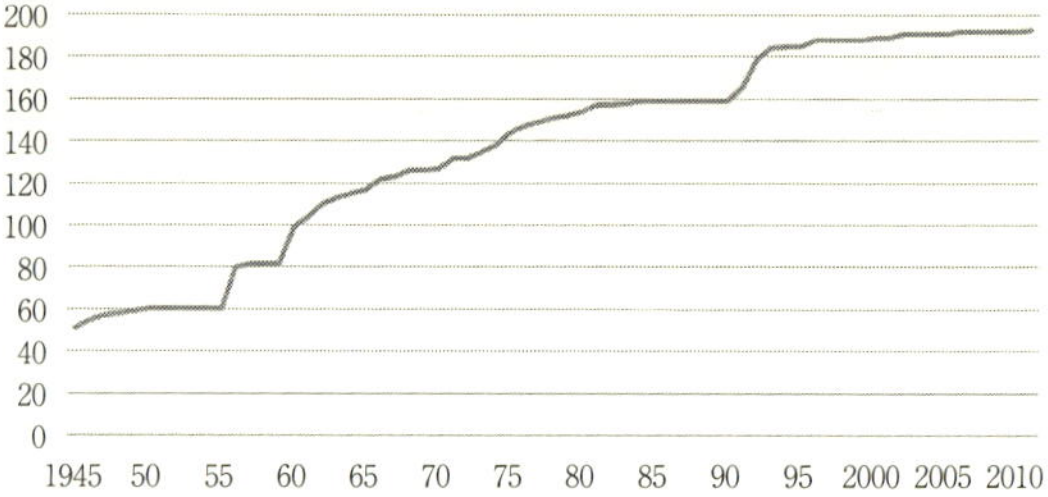

（国連 HP を参考に、篠田英朗・秋元悠が作成）

系に依拠した考え方である。人類の長い歴史を見れば、国家という制度が、常に全世界で社会秩序に責任を持っていたというわけではない。実際に起こったのは、むしろ国家を必要としないで秩序を維持している社会が、「未開社会」と言いかえられて、劣ったものだとみなされるようになったということである。つまり、国家だけが社会秩序を維持してきたというよりも、国家のない社会秩序の維持の方法が劣位なものとして無視され、あるいは植民地化や国際社会の普遍化の流れにのった物理的な力によって駆逐されたにすぎない。特に、「近代」という時代が、過去数百年で世界を変質させてしまったのだと言える。

しかも正当に認められる国家とは、国際社会が求める要件を満たしたものでなければならない。国際法上の国家の定義では、人民、領域、政府、国際関係を持つ能力を保持しているかどうかが重要となる。これらの保持が統治にあたって決定的に重大な事実と考えられ、しかも保持しているかどうかの審査は国際社会の側が握っている。

たとえば二〇年以上にわたって正式な政府が存在していないことになっているソマリアは、しかし国連加盟国として、一つの主権国家であるべきだという規範的認定を受けている政府なき国家である。政府なき国家に正当な政府を回復するために、国連が和平交渉の調停努力を続け、ソマリア人たちのために世界最大の難民キャンプをケニア領内で運営し、ソマリア領内への食糧支援などを続けている。二〇〇六年には、イスラム原理主義の「イスラム法廷連合（Islamic Courts Union：ＩＣＵ）」を排除するために、エチオピアによる軍事介入も行われた。だが今日に至るまで、まだ正式なソマリア政府の回復は果たされていない。

ところがソマリアでは、実は内戦開始時から、ソマリア領内のジブチに隣接した地域に、「ソマリランド共和国」が「存在」し続けてきている。議会も軍隊も擁し、政変をへながら政権交代を果たすなどもした。しかし国家承認は全く受けておらず、ソマリランドは国際的に認められていない。

高野秀行は、安易に民族紛争あるいは部族紛争といった概念で理解してしまいがちなアフリカの紛争は、実際にはそのような概念ではとても理解できないことを指摘している。その上で、ソマリランドが国際社会の調停など受け入れることなく、独自の和平を達成して事実上の国家建設を進めていることを特筆している。

実はソマリランドは、イギリス領ソマリランドを基盤として一九六〇年にも五日間だけ独立国家としての存在を主張していた時期があった。だがモガディシュを首都とするイタリア信託統治領ソマリアとの併合が完成し、その後の国際社会で正式に認められるに至ったソマリアの一部となった。ある意味で、国際社会が前提とするソマリアは、戦争を繰返した三〇年ほどのわずかな時期に存在していただけにすぎない。内戦によって政府が消滅してから二〇年以上がたっていることを考えれば、ソマリアという国家の存在を絶対視する思考がどこまで妥当なのかが問われても仕方がないだろう。

ソマリア領内は、他にも国家的存在となっているプントランドがある一方で、逆にソマリアへの帰属に関心がある州などもあり、複雑な状況となっている。こうした中、国際社会は、ソマリランドだけを国家承認した上でソマリア領土に平和をもたらす国家建設を進めるためのビジョンがないために、ソマリランドの国家としての存在を非公式で曖昧なものにとどめ続けているのである。

社会秩序の維持に国家というべきものが有効だという考え方は、豊かな長い歴史を持つ政治思想ではある。現代世界において地表のほとんどが「主権を持つ国民国家」によって分割されて統治されていることを考えれば、近代的な意味での国家こそが社会秩序を維持する基礎的な枠組みだという考え方が、いかに支配的になっているかがわかる。しかし国家でなければ社会秩序が維持できないということが法則として定まっているわけではないし、まして国家とは何なのかについて無謬《むびゅう》の判定方法があるわけでもない。それらの多くは、国際社会の政策的動きの中で決まってくるのである。

そこからさらに一歩進んで、国際社会の介入によって国家建設を行うことが（時には）必要かつ可能である、と考えるのは、なおいっそう新しい傾向になる。国際介入による国家建設を通じた平和構築への関心は、冷戦終焉後に、さらに対テロ戦争の勃発によって、不安定化していった世界で高まったものである。介入の有効性は、われわれが現在進行形で検証しているのである。

†国際平和活動と国家建設

かつて一九九〇年代の前半までは、国際的な平和活動の中心は、国連などによる平和維持活動（ＰＫＯ：Peacekeeping Operation）であった。伝統的なＰＫＯは、中立性を原則としていたため、積極的に当事国の国家機構の改革に踏み込んでいくということはなかった。そのため冷戦中には、国際的な平和活動の中心が国家建設であるという理解は生まれなかった。

ようやく一九九〇年代前半のＰＫＯ活動の中に、カンボジアのＵＮＴＡＣ《アンタック》（United Nations Transitional Authority in Cambodia：国連カンボジア暫定統治機構）のように、対象国の国家機能を国連が掌握するところにまで至るものが生まれた。だがＵＮＴＡＣですら、国政選挙を実施して国際的正当性のある政府を作り出す活動を行っただけで、必ずしも現代世界で国家建設として理解されている政府機構の改革や能力強化活動を任務としていたわけではなかった。

ところが、一九九〇年代末以降、主に二一世紀になってから、国際的な平和活動の内容に変化が生まれる。むしろ武力紛争を起こすような問題を抱える国家のあり方を変えていくのでなければ、効果的な平和活動を行うことはできないという考え方にそって、平和構築の理論的方向性が変わり、現実の平和構築の政策が変わっていったのである。平和構築とは、むしろ国家のあり方を問いなおす作業を中心的な内容とし、したがって国家を作りなおすことこそが平和構築の中核的活動であるという意識が生まれるようになった。

おそらく一九九〇年代の平和構築活動の事例で重要なのは、ボスニア・ヘルツェゴビナである。一九九〇年代前半のボスニア内戦において、ＵＮＰＲＯＦＯＲ《アンプロフォー》（United Nations Protection Force：国連保護軍）の国連平和維持活動が戦争による人道的危機に何ら対処できない無力なものとして批判され続け、遂には国連安保理によって「安全地帯」に設定されていたスレブレニッツアにおいて一般市民を含む七、八千人の集団殺害を防ぐことができなかったことは、国連の威信を地に落とした。

ボスニア紛争は、一九九五年にNATO（North Atlantic Treaty Organization：北大西洋条約機構）軍がセルビア人勢力に対して大規模な空爆を行った後、米国内の空軍基地があるオハイオ州デイトンにおいて紛争関連国の指導者が集められて「デイトン合意」が結ばれたことによって、終結した。アメリカを中心とした欧米諸国の力を背景にした紛争解決努力によって戦争が終わったという経緯は、国連の威信の低下をもたらし、紛争後の平和構築をNATO、OSCE（Organization for Security and Co-operation in Europe：欧州安全保障協力機構）、EU（European Union：欧州連合）、その他の地域機構が主導する流れを決定づけた。冷戦が終わった後の世界とは、必ずしも国連だけが国際社会の秩序に主要な役割を果たしていく世界ではないことが、明らかになったのである。

こうした流れの中で、OHR（Office of the High Representative：上級代表事務所）というボスニア・ヘルツェゴビナのためにつくられた特異な国際機関が、現地政府の活動を凌駕する権限を保持することになった。上級代表が絶大な権限を持っているのは、ボスニアの新しい政治体制はデイトン合意によってつくられたため、デイトン合意からの逸脱はいかなる政治指導者にも許されていないからである。そして逸脱を監視する権限が、外部者である上級代表に与えられているからである。つまり通常の国内社会における憲法の役割をデイトン合意が担い、その保障者の役割を国際組織であるOHRが握るという仕組みが導入されたのであった。上級代表は、実際に相当数の現地政治指導者の公職からの罷免《ひめん》を行ってきている。

ボスニアにおけるNATOの介入から、「ボン・パワーズ」（ボンで各国の首脳が集まっている場において上級代表の権限が確認されたため、このように呼ばれる）という上級代表の超越的権限の行使に至る流れは、国際社会の大々的な介入を前提にして、平和構築と国家建設が結びついていく流れに大きな影響を与えた。民族的な対立を温床にして紛争が起こったボスニア・ヘルツェゴビナでは、「デイトン合意」によって達成された民族間のバランス維持機能なくしては、平和を維持することは困難であるという認識の下に、政治面を含む広範な国際介入が正当化された。

もちろん「デイトン合意」それ自体は永続的なものではないので、「デイトン合意」が体現する民族間の平和的共存を内在化させた新しい国家体制の確立は、強く求められることになった。つまり紛争を引き起こす構造を乗り越えるためには、旧ユーゴスラビア連邦時代の一共和国としてのボスニア・ヘルツェゴビナでは足りず、一つの新しい国家としての自律性を兼ね備えたボスニア・ヘルツェゴビナを作り出す活動が必要であると考えられた。ただそのためには、外部者の強制力を導入することもやむを得ないとされ、「ボン・パワーズ」と呼ばれる上級代表の権限まで正当化されるに至ったのである。

東ティモールとコソボで、一九九九年に地域機構・諸国の治安維持の動きを追う形で国連PKOが組織されて以来、国家機構をつくりあげるという新しい国連PKOのイメージも広まることになった。東ティモールは、インドネシアからの独立を問う住民投票を国連が管理したことにより、実際に独立が達成されるまでの間、国際機関による直轄的な統治が行われたのである。ただし住民投票後の殺戮の大混乱の中で国際介入を行ったのは、オセアニア地域における覇権国と言えるオーストラリア軍を中心とするINTERFET《インターフェット》(International Force for East Timor：東ティモール国際軍)と呼ばれた多国籍軍であった。しかしINTERFETを引き継ぐ形で、国連のPKOミッションが設立され、独立までの移行期間に、事実上、立法・行政・司法の領域全てに広がる暫定統治システムを国連が担うことになった。ある地域が一つの独立国として生まれ変わるために、国連が国家形成の準備作業を行ったという意味で、平和構築活動が、まさに国家建設活動として実施された事例が、アジアの片隅の小島の東半分で、生まれたのであった。

東ティモールの場合には、インドネシアという既存の国家の一部であった東ティモールが、住民投票を通じて独立する過程において、平和維持あるいは平和構築を行う役割が国連に求められることになった。住民投票に至るまでの時代に武装闘争が長く続けられていたこと、そして住民投票がインドネシア軍関係者らによる虐殺行為を招いたことなどによって、独立への支援が、自然に平和のための活動として位置づけられることになった。国連が、脱植民地化と平和維持を同時に支援することになったのである。

かつて二〇世紀後半に、国連は、信託統治理事会の活動などを通じて、脱植民地化の動きを促進した。しかしそれは武力紛争の解決といった平和構築の必要性と結びついた形で行われたわけではなかった。なぜ一九九九年の東ティモールの事例において、独立支援と平和活動が結びついたかと言えば、そもそも住民投票を行うこと自体が長く続いた内戦に対する紛争解決の一手段であったからにほかならない。二〇世紀末において、脱植民地化の運動はすでに終わっていた。東ティモールの事例は、独立を問う住民投票が紛争解決の一手段として用いられる、国家建設と平和構築が深く結びつく時代を象徴する事例となった。

コソボの場合もまた、セルビア共和国の一部でしかなかったコソボ自治州に対して、国連が暫定的ではあっても直轄的な統治を行った歴史的な事例である。コソボの事例は、国連が、NATO・OSCE・EUなどの欧州地域機構との協力の上に暫定統治体制を作り出したという点で、ボスニアの例に大きく影響されたものでもあったと言える。

コソボは東ティモールとは異なり、当初から独立を目標とした国際機関による暫定統治が導入されたわけではなかった。しかしコソボで主要な役割を担った国際機構を構成する欧米諸国は、結果的にはコソボ独立を支持する勢力となり、暫定統治は独立の承認という形での発展的解消が目指された。コソボにおいて平和構築活動に関与した欧米諸国はことごとく国家承認を推進する勢力となったという事実は、コソボがやはり平和構築と国家建設との分かち難い結びつきを示す例であったことを示唆している。

コソボを国家承認しているのは、二〇一三年の時点で一〇〇カ国をわずかに上回る程度であり、特に国連安全保障理事会常任理事国であるロシアや中国が国家承認を行う可能性は、現状ではほとんどない。コソボを国家承認しているのは、コソボに介入し、平和構築活動を行った諸国およびその友好国グループなのである。

ただしコソボの事例もまた、紛争解決の一手段として、新しい国家を樹立するという方法が用いられる流れを示している。コソボ問題は、分裂した旧ユーゴスラビア連邦に最後に残ったセルビア共和国の内部の入れ子構造の内戦であったが、多数派のセルビア人と少数派のアルバニア人の間の対立として国際的に認知された。旧ユーゴスラビア連邦地域で数々の強硬政策をとってきたミロシェビッチ大統領があらためて問題視される一方で、コソボ内のアルバニア人の強硬派と穏健派の違いは相対的に看過された。

そこで、KLA（Kosovo Liberation Army：コソボ解放軍）が武装闘争を激化させた後、欧米諸国はミロシェビッチ大統領を抑制するための介入政策をとった。それはKLA主導のコソボ自治政府の樹立を導き出した。セルビア民族主義を掲げるミロシェビッチ大統領にアルバニア人が抑圧されたため武力紛争が起こったと考える欧米諸国によって、コソボの独立は、紛争解決の一手段として支持されたわけである。つまり欧米諸国は、新しい国家を建設することによって、永続的な平和を作り出そうとしたのである。

†対テロ戦争と国家建設

国家建設こそが平和構築の中核であると考える傾向は、アメリカ合衆国が「対テロ戦争」の一環として、二〇〇一年にアフガニスタン、二〇〇三年にイラクに侵攻し、大々的な占領統治をおこなったことによって、さらに強まった。伝統的な平和研究者には、アメリカの占領統治を平和構築と呼ぶべきではないのではないか、もしそれが平和構築であるなら平和構築とは権力政治の産物になり下がってしまうのではないか、と危惧する者もいた。しかし欧米諸国で数多くの研究者がアフガニスタンやイラクについて論考を書き進めたし、関連した研究プロジェクトも進められた。これによって従来の平和構築をめぐる議論が、変質を余儀なくされたのである。

アメリカの戦争行為によってアフガニスタンとイラクで「体制変更（regime change）」が起こったということ、つまりアメリカが強制的に国家体制の変動を両国にもたらしたという事実は、アメリカおよびアメリカを支持して両国の戦後復興に関与した諸国に、多大な責任を生み出した。アフガニスタンやイラクの情勢が不安定化すれば、アメリカおよびその支援国による国家建設の不備が批判されるという事態が生まれたのである。

国連による平和構築活動とは異なり、「安定化（stabilization）」作戦とも総称されたアメリカによる国家建設活動は、必ずしも「平和の構築」を主目的としたものではなかった。むしろ「対テロ戦争」の一環として、反米的な勢力を取り除くという安全保障上の要請が、アメリカの行動の第一の理由であったと言ってよい。しかしアフガニスタンやイラクの安定化を目指すことは、両国の平和的な国家建設を目指すことを意味していた。なぜなら国家のあり方を変えない限り、アフガニスタンのような「破綻国家」やイラクのような「ならず者国家」は、テロリストたちの活動拠点になったり、情報や資金の集積基地になったりすると懸念されたからである。

「対テロ戦争」の一環として国家建設を行い、「安定化」作戦を行うということは、テロリストの活動基地を破壊し、テロリストを取り締まる政権を作り出すということを意味する。そしてそれは、国連関係者が平和構築と呼んでいる活動と一致する活動を、アメリカが自らの威信にかけて行うということを意味していた。

一九九〇年代の数多くの国連PKOの失敗の後、国連関係者は、アメリカなどの大国の積極的な関与がない国連PKOにはおのずから限界があるという認識を持つに至った。なぜ一九九四年にルワンダで、八〇万人もの人々が虐殺されたと言われるジェノサイドを防げなかったのかといえば、それはアメリカを中心とする大国が介入を避けたからだ、というのが、一般的な指摘であった。こうした一九九〇年代の風潮から言えば、アフガニスタンとイラクにおけるアメリカの大規模な介入行動による国家建設は、ある意味では贅沢と言ってもよい種類の平和構築であった。

このように世紀の変わり目である二〇〇〇年前後に、いくつもの大々的な国家建設活動が、国連によって、そしてアメリカを中心とする諸国によって行われたのは、偶然ではない。一九九〇年代の国連PKOの失敗を反省する過程において、大規模な国際介入を伴ってでも、国家機構の立てなおしを求めることの必要性が強く認識された。その背景には、国家建設が紛争を持つ社会の内部構造を克服する手段として認知されたことがあると言える。つまり紛争が発生している地域を独立させることによって紛争解決を図ったり、テロリストの温床になっている地域に望ましい政府を作り出すことを図ったりすることが、求められるようになったのである。

2　政治過程としての平和構築

†和平の達成としての国家建設

　平和構築としての国家建設の活動の裾野は広範囲に及ぶ。外部から来た者が、一つの国家の機能を全面的に肩代わりしたり、国家機構の中枢の改革を促進したりすることを国家建設と呼ぶのであり、立法・行政・司法の全ての領域に関して、国際社会主導の国家建設と呼ぶべき活動が、平和構築の文脈で行われてきた。

　立法機能の領域に関しては、そもそも国際的な調停をへて和平合意が結ばれる段階で、平和構築の機能が発揮されることが多い。和平合意に、人権などの国際的な規範の遵守を求める規定を挿入し、国際法規範の国内法への取り込みを図る方法が、数多くの最近の和平合意に見られる。

　理論的には、和平合意に盛り込まれるのは、慣習法化している国際法規範である。つまり対象となる国にも遵守義務がある国際法規範である。したがって和平合意が全く新しい規範を作り出すわけではなく、和平合意の締結が純粋な立法行為と同じであるとまでは言えない。

しかし新しい具体的な制度的措置を伴って、特定の人権規範の遵守が求められるのであれば、国内社会の人々の側からは、相当程度に新しい規範が持ち込まれたのに等しく見えることになる。つまり和平合意に、ほとんど立法行為に近い性格があるように感じられるだろう。

加えて、和平合意では、新しい国家を樹立するための手続きが定められることが一般的になっている。たとえば国政選挙の実施が、新しい行政府をつくるための前提とされる場合がある。その選挙の前提として、国家選挙委員会の樹立が求められる場合などがある。そのような場合には、新しい制度の導入などの措置を求めているという意味において、和平合意が事実上の立法的機能を果たしているのだと言える。

†社会構成員の安全確保

和平合意に与えられる立法的な性格を説明するためには、和平合意にある種の社会契約としての機能が付与されていると考えざるをえない。そもそも、ホッブズの『リヴァイアサン』が著されて社会契約論が正統な政治理論となったときから、あるいはロックの「政府が社会契約を破ったときには人民は革命権を行使できる」という思想によって説明される名誉革命がイギリスの繁栄を準備したとみなされるようになったときから、国家の中核的な使命とは、社会構成員の安全を確保することであると考えられてきた。

後に一九世紀にマックス・ヴェーバーが、国家を「正当な物理的暴力の独占」と定義したのも、社会構成員の安全を保障するという国家だけに与えられた特別な使命に鑑みてのことであった。もし国家機構が社会構成員の安全を保障する意思または能力を持っていないとすれば、もはやその国家は正当な暴力を独占するに値しない。むしろ、その国家は改変されなければならない、あるいは少なくとも能力強化策を施されなければならない。こうした考え方にそった形で、平和構築としての「国家建設」では、治安部門改革（Security Sector Reform：ＳＳＲ）が最重要課題として行われるようになった。

武装解除・動員解除・社会再統合（Disarmament, Demobilization, Reintegration：ＤＤＲ）の活動も、同じ考え方にそって、ＳＳＲの一側面として、軍事要員に対して世界各地で実施されるようになった。しかしそれだけではなく、ＳＳＲにおいては、軍事部門、警察部門、司法部門等に関わる政府機構の改革が促進されるようになった。またその際に、人権規範を中心とする国際法にのっとった法規範の遵守が強調されるようになった。法整備支援や司法改革は、ＳＳＲの一部と理解されないで実施される場合もあるが、典型的な事例では、国際人権法・国際人道法の遵守を徹底する方向で導入される。

つまり平和構築としての国家建設において行われる司法改革では、まずもって自然権としての個々人の人権の保障が優先的に考慮され、その実現のために必要な措置がとられることになる。なぜならそれこそが現代の国際社会が標準的かつ根源的な規範として尊重しているものだからである。

国連主導で行われた「国家建設」の典型例の一つとなったスーダンの事例を見てみよう。スーダンで二〇〇五年に締結された包括的和平合意（Comprehensive Peace Agreement：CPA）は、独立の意向を問う住民投票を南部スーダンで行うことによって、長い内戦を終結させることを意図したものであった。スーダンでは、一〇年ほどの断続を除いて、一九五五年の独立時から継続して、北部のアラブ系勢力と、南部の非アラブ系勢力が、内戦を繰り広げていた。

アメリカや国連の調停によって成立したCPAは、その内戦を終結させるための歴史的な和平合意であった。国連は「国連スーダン派遣団（United Nations Mission in Sudan：UNMIS）」を設立し、CPAで定められた和平プロセスの支援を行った。その活動内容は、停戦監視や武装解除や地雷除去だけではなく、和解、警察改革、司法改革、法制度改革、人権促進、さらには難民・国内避難民の帰還、そして選挙・住民投票の準備などへの支援という多岐にわたるものであった。

一万五千人規模の要員を動員したＵＮＭＩＳの活動は、二〇〇〇年代の国連平和活動を代表するものであったと言ってよい。軍事、警察、文民の要員が、立法・行政・司法のそれぞれの領域で国家機構の改革を促進し、国際社会の標榜する人権規範の適用を求め、新しい国家の樹立につながる住民投票までのプロセスの管理をしたＵＮＭＩＳは、国連による平和構築としての国家建設の典型的な例を示したと言ってよい。このプロセスを通じて、国際社会の介入は、スーダンの政治的な動きにも大きな影響を与えた。

たとえば、スーダンにおける政治権力の配分は、ＣＰＡという和平合意によって、国際社会の裏付けを得たものになった。住民投票を実施するまでには六年間の暫定的な統治制度がとられることが定められたため、「権力分掌（power sharing）」というメカニズムが取り入れられた。具体的には、「国民統一政府」において、政府側の国民会議党（National Congress Party：ＮＣＰ）と反政府勢力のスーダン人民解放運動（Sudan People's Liberation Movement：ＳＰＬＭ）に一定の割合での閣僚配分がなされることが定められた。二つの紛争当事者間の合意にすぎない文書によって、スーダンという巨大国家に、二つの勢力の権力分掌を原則とする統治体制が導入されたのである。

そして住民投票実施前に、和平合意で定められた各種委員会が立ち上げられることになった。国家憲法検討委員会、共同メディア委員会、他の諸武装集団協同委員会、停戦政治委員会、停戦共同軍事委員会、評価委員会、アビエイ境界委員会などの様々な機関が、和平合意の枠組みにしたがって、和平合意に調印した二つの勢力の権力分掌を前提にして、次々と設立された。

後に二〇一一年の住民投票の結果を受けて、「南スーダン」はスーダンから分離独立することになった。実はその際、和平合意が定めた権力分掌の路線が発展した形が踏襲された。つまり北はNCP、南はSPLMの事実上の独裁的政権が維持される形で、二つの国家が形成されることになったのである。NCPとSPLMという二つの政党が支配する形で二つの国家が形成されるという流れは、和平合意によって制度的に固められたものであったと言ってよい。そのことが今日のスーダンおよび南スーダンでどのような矛盾を引き起こしているかは別にして、和平合意が果たす制度形成機能は、事実上の立法行為がそこにあったと考えるのでなければ理解できない水準にあったと言える。

そうだとすれば、CPAという和平合意がそのような性格を帯びるに至ったのは、そこに社会構成員の安全を守る責務を、明示的に具体的な機関に負わせる社会契約的な役割があったからだと考えることができるだろう。実際に、CPAは南スーダンという新しい国家の建設を準備したのである。ただしCPAが現実との間にさらにどれほどの乖離を持っていたかは、また別の次元の問題になる。

†疑似的な和平合意と国家建設

ここで「和平合意」と呼んでいる紛争当事者らによる合意の総称は、厳密な意味で「和平合意」ではない場合もある。むしろ優先されるのは、紛争後の秩序構想を、何らかの合意の形で制度化することである。つまり合意による立法行為の機能が、重視されるのである。

アフガニスタンの二〇〇一年ボン合意が、果たして和平合意なのか否かという問いは、研究者および実務家を悩ませてきた。アメリカの軍事作戦によってタリバン政権が崩壊した直後、国連主導でアフガニスタン人の諸勢力が集められ、戦後の政治プロセスの計画を練った。その結果が、ボン合意である。アフガニスタンにおける長い内戦の当事者である「北部同盟」勢力が大きな影響力を持ち、「ムジャヒディンは英雄である」という文言がボン合意に入った。いわば二つの「紛争当事者」のうち、アメリカ（あるいは「対テロ戦争」を戦う国際社会全体と言ってもよい）に味方した側は「英雄」となり、敵対者となった側は「国際テロリスト」となったのである。当然ながら、紛争のもう一つの当事者であった「国際テロリスト」のタリバン政権側は、ボン合意に全く参加しなかった。

ただ、少数民族であるタジク人主体の北部同盟勢力が覇権を握る形で国家建設が進められることを懸念した国際社会の側の関与者が、多数派であるパシュトゥーン人から暫定行政機構議長が選出されるべきことを望んだ。そこで選ばれたのが、当時無名ではあったが、アメリカの関係者に発見されて信任を得ていた、ハーミド・カルザイであった。ボン合意を契機として、その後にカルザイは大統領となり、今日に至るまで一〇年以上にわたりアフガニスタン公式政府の最高権力者であり続けている。

ボン合意は、和平合意であるかのような装いで成立した。しかし実際には、紛争当事者が紛争を終わりにするための合意をする契機が、ボン合意には決定的に欠如していた。むしろ内戦の当事者の一方であったタリバン勢力を排除したまま、そして国際介入の当事者であったアメリカなどを介在させないまま、新たな国家の建設のために必要なプロセスだけを、相互には紛争当事者とは言えないアフガニスタン人たちが国連やアメリカをはじめとする各国政府の関係者と相談しながら取り決めたのが、ボン合意であった。

ボン合意は、その後のアフガニスタンの国家建設の基本的な方向性を決める憲法的な役割を果たした。しかしだからこそ、ボン合意は和平合意のようであって和平合意ではないものだった。あるいはボン合意とは、和平合意ではなかったにもかかわらず、理想的な和平合意としての機能を発揮することを期待された何かであった。

いわゆる「ボン・プロセス」が下院議員・県会議員選挙の実施によって終結する二〇〇五年以降は、終わったと思われた戦争が、実は終わっていなかったことが明らかになった。二〇〇一年末の段階では根絶されるだろうと思われたタリバンが、アメリカを脅かす勢力として息を吹き返してきたのである。戦争後の和平合意のように見せかけながら実はそうではなかったボン合意が作り出した仕組みは、その限界を露呈せざるをえなくなった。

アフガニスタンの事例が示したのは、和平合意の締結の際に平和構築としての国家建設を達成する政治的見通しを示す近年の傾向が、和平合意が欠落している場合には、疑似的な和平合意を作り出す傾向まで生むということであった。

なぜそこまでして和平合意、または和平合意に類するものが必要なのか。それは、達成すべき国家建設の道筋を何らかの形で明文化し、それを現地社会の指導者層に共有させることが、平和構築にとって極めて重要だと考えられているからだろう。単なる開発援助や人道援助であれば、そこまでの手順がふまれることはない。国家建設にあたっては、現地社会の構成員による何らかの「合意」が必要なのである。国家とは、構成員の合意によって、つまり理論的に言えば、人々が社会を設立することについて合意して相互契約関係に入る「社会契約」によって、生み出されるものである。それが国際社会の標準的な国家建設の理解である。そうである限り、和平合意、または和平合意に類するものが、紛争後社会における「社会契約」に準ずるものとしての役割を果たすことが、期待され続けるのである。

3 非標準モデルの国家建設と現地社会のオーナーシップ

†国際的な正統性を付与された独裁

平和構築としての国家建設をめぐる状況は、外部からの国際支援によって安定した国家を作り出すことができるか、という大きな問題を提示している。国内の人々だけでは上手くやっていけないときに外部からの支援が求められる。しかし外部からの支援が常に必ず成功するわけではない。有効性を持っているが、失敗するかもしれないリスクをはらんだ行為の評価は、極めて難しい。外部からの支援によって国家建設が進められるとき、外部者と内部者の関係は、微妙かつ複雑なものになる。それは平和構築の困難の本質に関わる問題の一つだと言ってよいだろう。

逆の観点から見ると、外部介入がない場合には、国際社会の基準からすれば、いささか標準モデルからは外れたやり方で国家建設が行われる。たとえば国際社会の標準モデルでは、人権規範からの逸脱は認められないだけでなく、民主的政体であればあるほど望ましい国家建設のやり方だとみなされる傾向がある。しかし国際社会の介入がなければ、国際社会の標準モデルにのっとった国家建設を現地の政治勢力が率先して進めることは、稀有である。

たとえば、日本も大きく関わったカンボジアの和平プロセスにおいては、国連が暫定統治の権限を握ることによって、長く続いた内戦構造を終結させるための「パリ和平合意」のプロセスが開始された。UNTAC（United Nations Transitional Authority in Cambodia：国連カンボジア暫定統治機構）を設立した国連は、新たな国民統一的な政府を作り出すために、一九九二年に国民的総選挙を実施した。そこで第一党となったのはフンシンペック党であった。しかし、国土のほとんどを実効支配する人民党政権のフン・セン首相は、選挙には不正があったので結果を認めないかもしれないことをほのめかした。筆者は当時、UNTACの選挙要員としてプノンペンで開票作業もしていたが、周囲の人々が、和平プロセスの崩壊を語っていたのをよく憶えている。

そこでUNTACの明石康・国連事務総長特別代表は、首相以下、全ての大臣をフンシンペック党と人民党から一人ずつの二人置くという劇的な調停案を示し、両党に選挙結果の受け入れを認めさせた。しかし二人大臣制度は、継続的に機能しうる仕組みではなかった。一九九七年になると第二首相のフン・センが、第一首相のラナリット王子をはじめとするフンシンペック党を軍事クーデタによって駆逐するという事件を起こした。フン・センは現在もまだなお首相であり、一九八〇年代前半から今日に至るまでの約三〇年間にわたって首相の地位にとどまり続けている。

明石らによる選挙後の混乱を収拾するための調停活動は、少なくとも短期的には「パリ和平合意」のプロセスが破綻することを防いだ。しかし結局は、フン・センの独裁体制維持に一役買ったにすぎないという批判は、特に欧米諸国では根強く残っている。結果的に見れば、国際的な認知が低かった冷戦期のフン・セン政権を、国連と主要な支援国が大々的な努力を払って、国際的な正統性のある政権へと脱皮させ、長期独裁体制を手助けしたことは否定できない。

国際社会は、和平合意から選挙を通じた一連の儀式を経ながら、結局は国土を実効支配していた政権に支援の基盤を与えるという形で、平和構築を進めていった。皮肉な言い方をすれば、国連の暫定統治は、既存の独裁者がさらにいっそう効果的に統治するための壮大な儀式であった。

民主的な選挙がカンボジアに平和をもたらしたというよりも、擬制的な平和構築のプロセスによって強権的統治者にいっそう強固に政権基盤を固めさせることによって、カンボジアの平和構築は進展したことになったのである。すでに三〇年間にわたって首相を務めている六二歳のフン・セン首相は、九〇歳になるまで首相を続けると述べ、さらに数十年は職にとどまる意向を表明している。二〇一三年に行われた選挙では、フン・セン体制の是非が問われたが、たとえ「変化」を望む者の数が多くなってきたとしても、フン・センなき平和なカンボジアについて、多くのカンボジア人が確信を持てないこともまた、事実なのである。

カンボジアの例が示したのは、国際社会が普遍的な標準モデルにのっとって公平で公正な選挙なるものを実施したとしても、それは必ずしも国際社会の標準モデルにのっとった国家の建設が選挙後も進展していくことを約束するものではない、ということであった。しかしそれを見越しても、無政府の混乱状態よりはまだマシだという考え方が、一九九三年の調停を呼び込み、今日のカンボジアを作り出したのだと言える。

†軍事的制圧としての平和の達成

戦争状態を停止させ、さらに長期的な平和の道筋を作り出すための和平合意は、当然望ましい目的を持ったものだ。しかし実は、それは意図のレベルの問題であり、あくまでも理論上の和平合意の理解である。望ましい意図が、必ずしも常に望ましい結果を約束するわけではなく、まして最も適切な方法がとられることを保証するわけでもない。それにもかかわらず、和平合意（または和平合意に類するもの）によって開始された平和構築が、常に和平合意がない平和構築に優る、と簡単に仮定して絶対視することはできない。

スリランカでは、一九八三年以来、シンハラ人を基盤とする中央政府に対して、北部・東部のタミル人地域の独立を掲げる反政府軍ＬＴＴＥ（Liberation Tiger of Tamil Eelam：タミル・イーラム解放のトラ）が軍事攻撃を仕掛け、長い内戦が二〇〇九年まで続いた。ＬＴＴＥによる都市部でのテロ攻撃も凄惨なものになり、厭戦ムードの中、ノルウェーの仲介による和平交渉の気運が二〇〇〇年代の半ばに大きく高まった。

しかしタミル人の移民を国内に数多く抱えているノルウェーはＬＴＴＥ寄りであるというシンハラ人を中心とした人々の間に広がった気運を代表して、マヒンダ・ラージャパクサが二〇〇五年に大統領に就任し、和平交渉は終わりとなった。その後、政府軍による大々的な軍事攻勢が開始された。そして二〇〇九年五月に、政府軍がスリランカ最北部のＬＴＴＥの牙城を軍事的に制圧し、ＬＴＴＥ指導者ヴェルピライ・プラバカランの死亡が確認されることによって、長い内戦は終わりを告げたのである。

停戦破棄を先に宣告したのはＬＴＴＥ側であったが、むしろ和平交渉の可能性を見限って内戦の軍事的な終結を達成したラージャパクサ政権の態度に対して、欧米諸国では批判が起こった。特に国防次官を務めていたラージャパクサ大統領の弟であるゴタバヤ・ラージャパクサが、捕虜の殺害などの戦争犯罪行為を指示した疑いが生じると、国連も調査に乗り出すなど、スリランカ政府と国際社会との対立は深まった。ただし、戦争中から政府を軍事的にも支援してきた中国やパキスタンは、スリランカとの関係改善を進めるインドとともに、一貫してラージャパクサ政権への巨大な支援を行い続けており、ラージャパクサ政権の強気の姿勢の裏付けとなっている。

スリランカがモデルとするのは、北東・東南アジア諸国が達成した奇跡的な経済発展であり、開発を通じた人心の掌握と国土の安定であると言ってよい。いわゆる「開発独裁」の体制によって、多くの北東・東南アジア諸国が政治的には強権主義的政策をとりながらも、経済発展を通じて国土を安定化させることに成功してきている。和平交渉を通じて政治的妥協を積み重ねて反政府勢力との合意を目指すのではなく、政治的・軍事的には強権的姿勢をとって国土の統一を維持しながら、経済発展の果実を国民に配分することによって不満分子を制御しようとする手法は、日本の自民党の長期単独政権を筆頭に、韓国、台湾、中国、インドネシア、マレーシア、シンガポール、タイなどの華やかな経済発展を遂げたアジア諸国がことごとく採用した姿勢である。

内戦構造から抜け出そうとするアジア諸国、つまりベトナムやフィリピンから、カンボジアにいたるまでの国々は、長期独裁政権の安定性と、人心掌握術として活用する経済発展を組み合わせて追い求めることによって、国家建設の基本的姿勢を形作っている。スリランカもまた、そのような平和構築の方向性を模索していると言ってよい。

もっとも「開発独裁」とは、アジアだけに発生する現象ではない。紛争後の平和構築の過程において、類似したパターンを持ち込んだ事例は、他の地域にもある。たとえば、ルワンダの事例は典型的である。一九九四年に約八〇万人が犠牲になったと言われるジェノサイド（大虐殺）が起きたアフリカ中央部の小国ルワンダでは、ポール・カガメを中心とするルワンダ愛国戦線（Rwanda Patriotic Front：ＲＰＦ）が一九九四年以来、実権を握り続けている。ジェノサイドを行った旧政権側をカガメが主導するＲＰＦが軍事的に駆逐し、国内全土を掌握したため、カガメに絶対的な権限が集中しているのである。

カガメ大統領の統治は、必ずしも甚大な人権侵害を繰り返すような独裁体制ではない。しかしカガメ大統領が絶対的な権限を持つがゆえに、国内では批判的勢力が伸長する余地がなく、人々の行動もそのような雰囲気の中で規定されていかざるをえないという意味では、カガメ大統領の統治スタイルは、権威主義的である。

しかもカガメ大統領が実権を握って以来、ルワンダ政府は、ジェノサイドを主導した旧政権側の人々を軍事的に駆逐し、国外に追い払った。その後、彼らが潜伏している隣国のコンゴ民主共和国（旧ザイール）東部地域で戦争を仕掛け続けている。一九九四年以降、ルワンダは政治的安定度を高めているが、それとは反対に、コンゴ民主共和国東部地域では一九九〇年代後半から凄惨な内戦が続いている。その大きな要因は、ルワンダのカガメ政権が執拗に直接的・間接的な軍事介入を繰り返していることである。国連は、コンゴ民主共和国の天然資源をルワンダが収奪していることについて、名指しで糾弾したこともある。

ルワンダとコンゴ民主共和国とのつながりは、ルワンダのカガメ政権がジェノサイド関与者を含む旧政権勢力の駆逐を企て続けていることだけではない。ルワンダの首都キガリには、「コンゴ・タウン」という俗称をとる高級住宅地があるが、これはコンゴから非合法手段で獲得した鉱石資源などで巨額の利益を得ている者たちの住む町だという意味である。ルワンダは、自国内では鉱石資源がとれないが、過去十数年の間に、鉱石資源の輸出国となった。

コンゴ民主共和国は、世界でも有数の天然資源が豊富な国である。かつて第二次世界大戦中に日本に落とされた原子爆弾の製造に使われたウランは現在のコンゴ民主共和国内で採取されたものであったが、今日ではさらに携帯電話に不可欠なレアアースのタンタルなどの鉱石も採掘されている。長期化する内戦の混乱の中で、これらの天然資源がルワンダに運ばれ、ルワンダから輸出され、ルワンダの貴重な外貨獲得手段となっているのである。

アフリカ有数の軍事力を持つ国として、またアフリカ大陸における高い軍事戦略的価値を持つアメリカの友好国として、ルワンダの地位を高めているのは、カガメ大統領の独裁体制である。ルワンダの国力が高まり、開発援助機関からの評価も高いとすれば、それは大統領選挙では九五％という得票率を記録する政権基盤を持つカガメ大統領個人の威信に大きく依拠したものである。カンボジアにおけるフン・セン首相の場合と同様に、現在のルワンダという国家の安定は、カガメ大統領の存在と密接不可分な関係にあり、カガメ大統領が去った後のルワンダの姿は想像できないほどである。そしてカガメ大統領の権威は、軍事機構の掌握だけに依存していない。ルワンダの経済発展こそが、政権基盤の安定につながっている。

首都キガリを中心としてルワンダの経済的発展には目覚ましいものがある。その基盤となっている政治的安定をもたらしているのは、やはりカガメ大統領の独裁体制である。ウガンダからの亡命者が中心になっているカガメ大統領のＲＰＦ政権は、実際に開発援助の活用に、外国資本投資の導入とあわせて、熱心である。事実上は野党の存在も認めない統治体制をとっている現政権が、強圧的ではあっても社会の安定を導き出し、経済発展にも積極的な施策をとっている。その成果が体感できるような気がすればするほど、カガメ大統領による独裁的統治への支持は維持されるようになる。

ルワンダでは、国連は目に見える大々的な平和構築活動を行っていない。国連はあまり目立たず、側面的な人道・開発支援に従事している。ジェノサイドの発生を防げなかった国連にとって、ルワンダは巨大な失敗の地である。ルワンダの人々の国連への評価も高いはずはない。そのような背景から、アメリカとの関係を重視し、国際機関とは経済開発分野の観点から関係を構築していくカガメ政権の姿勢が生まれた。カガメ大統領は、批判者に対して際立って敏感であり、実際に過去に政治的失脚に追い込まれた者も数多くいる。今や国家としてのルワンダは、限りなくカガメ大統領の存在と同じ存在なのである。

†オーナーシップ原則と国家建設

平和構築はますます国家建設と同一視されてきているが、その一方で、現地社会のオーナーシップの重要性が強く唱えられている。二〇〇五年の国連平和構築委員会(Peacebuilding Commission：PBC)を設立した安全保障理事会と総会の決議文においても、国連平和維持活動局が二〇〇八年に公刊した「国連平和活動の原則とガイドライン」と題された『キャップストーン・ドクトリン』においても、あるいは潘基文《パンギムン》事務総長が二〇〇九年以来公刊している平和構築に関する一連の報告書類においても、必ずと言っていいほど、オーナーシップの重要性が謳われている。しかし、実はそれにもかかわらず、オーナーシップ原則の重要性は、まだ必ずしも十分に広くは一般に認識されていないようにも思われる。

オーナーシップ原則は、開発援助などの分野では、あまりにも伝統的に語られてきた原則なので、ほとんど道徳的なお題目のように扱われるか、現地政府担当大臣の署名がとれているかどうかや、調整会議に現地政府関係者に出席してもらっているかどうかといった話に還元されてしまいがちである。援助者の側から見れば、自己の都合をくんだ上で効果的に援助プロジェクトを実施してくれる現地政府が望ましい。道徳的お題目としてのオーナーシップの「尊重」の態度はしばしば、国際機関がプロジェクト運営を思うように行うために現地政府と円滑な関係を築けているかどうか、という技術論的な問題と同一視されてしまうのである。

オーナーシップの「尊重」あるいは「確保」といった考え方は、平和構築の戦略的見取り図の中でオーナーシップの発展を効果的に促進するという要請からは、実はかけ離れた考え方である。オーナーシップの「尊重」は、現地政府の腐敗度や独裁度から、国際社会の人々の注意をそらすことになる。

むしろオーナーシップの原則とは、現地社会が主導して進められる平和構築が、いったい何をもたらすものなのかを、長期的かつ戦略的な視野で考えることの必要性を示す。たとえば、ある国で「開発独裁」と言うべき状況が広がっているとして、それは平和構築を進展させるために、何らかの有益性を持っているのか、あるいは阻害的な影響を持っているのか。このような問いかけに真摯な分析を行うことによって初めて、オーナーシップ原則を平和構築の戦略の中に位置づけていくことができるようになる。

「ドナー」主導で進められる平和構築または国際援助全般で、「オーナーシップ」が技術論的に理解される弊害が生まれがちなのは、さらに実務的な事情にもよる。影響力をもつ国際機関の職員は、「国際公務員」にすぎない。国際機関で「加盟国」を代表して政策を論じているのも、多くの国々の場合、政治家ではなく職業外交官であり、つまり公務員にすぎない。

国連において平和構築政策の立案調整を任務にしている機関は、「平和構築委員会（PBC）」と呼ばれる。二〇〇五年に設立され、平和構築支援事務局（Peacebuilding Support Office：PBSO）という補助事務機関を持つ平和構築委員会は現在、ブルンジ、シエラレオネ、ギニア、ギニアビサウ、リベリア、中央アフリカ共和国を、検討対象国にしている。PBCは、対象国の状況について議論し、平和構築の「戦略」枠組みについて合意をつくり、それにしたがって平和構築基金（Peacebuilding Fund：ＰＢＦ）を運用するなどの活動を行っている。

国連機関に影響を与えることを目的にして、現地政府とも協議しながら平和構築委員会がつくりあげる平和構築の戦略的枠組みは、極めて重要な文書であろう。しかしこれまでの実績からすると、平和構築委員会が作成する文書は抽象度が高く、一般的なものになる傾向がある。平和構築委員会が、包括的な戦略をつくりあげるという野心的な任務を持っているために、かえって総花式になってしまうこともあるだろう。だがそもそも平和構築委員会に関わる者たちとは、政治的な判断を下すというよりは、外交文書を仕上げることに長《た》けた者たちであることを考えれば、不思議はないのかもしれない。

平和構築委員会は安保理や総会によって選出された三一カ国から構成されるが、実際に議長を務めたり、協議に参加したりするのは、各国代表部の外交官である。会合に出席するのは、高位の代表部職員ですらない場合がほとんどである。現地政府の代表を務めるのも、検討対象国の国連代表部職員にすぎない。平和構築支援事務局の職員は、国連システム内の行政官である。このように、公務員たちが、他国の国内政策のあり方を論じ、平和構築の望ましい政策を批評しあっているということの奇妙さは、日本を平和な社会にするために必要な活動を、他国の外交官や国際公務員といった行政官たちがニューヨークで話し合っている姿の奇妙さを想像すれば、明らかだろう。

二国間援助においては、この事情はさらに明白であり、公務員や、独立行政法人職員のような準公務員が、私企業を契約でコントロールしながら、多くの国々の国家としてのあり方にメスを入れていく平和構築を進めている、あるいは進めているかのように振る舞っているのである。こうした状況は、政治的責任の主体のあり方に関して、あるいはさらに具体的に政策を議論している人々の性癖や気質や関心傾向に関して、極めて不適切な仕組みを持っている。

外交官集団が知的に劣っているということではない。しかし職能に応じた業務の整理は、マネジメントの必須要件である。たとえば、外交について考えるための古典的作品を残したハロルド・ニコルソンの有名な言葉によれば、「外交の機能は、独立国家間の関係を交渉の過程によって処理することにある。その際、職業外交官は、自国内における主権者の召使なのである」。ニコルソンによれば、「政策」は政治であり、「交渉」だけが職業外交官が従事する業務だからである。平和構築を典型とする国際援助の分野とは、自国の主人の召使が、他国の主人には主人のように振る舞うという錯綜した事態が常態化している分野なのである。

オーナーシップ原則の重要性が意味しているのは、国家建設と重なり合うまでにふくらんだ平和構築活動を、国際社会の都合でコントロールすることなど、実際には不可能であり、しかもむしろ不適切だ、という事情である。平和構築の対象となる現地社会には、それぞれが持つ複雑性がある。国際社会の側は、そうした複雑性を十分に考慮に入れた上で、平和構築の戦略的見取り図を描く。しかし国際社会の見取り図が現実のものとなるかどうかは全て、現地社会のオーナーシップが平和構築と重なり合う方向で発展していくかどうかにかかっている。国際社会の側は、現地社会の状況を現実的に見極めた上で、受容する点、改善を求める点、さらに促進していく点を、長期的な平和構築の見取り図に照らして、的確に認識し、判断していかなければならない。

それは繊細かつ精緻な作業である。簡単なことではない。しかし必然的なことである。国際社会の都合で平和構築政策の内容をつくり変えれば国家建設の行方を決められる、などといった幻想に浸ることはできない。今や国際的な平和構築こそが、現地社会の複雑な要素に翻弄されて進展する国家建設の行方によって、大きく左右されてしまうのである。

アフガニスタンやイラクに武力で「体制変更」を引き起こして戦後の国家建設も主導したアメリカは、現地の人々を期待通りに動かして、華々しい成果をあげることができなかった。少しでも状況を改善するために、現地の人々の勢力関係・利害関係を調べあげ、自国に有利な形で利用することによって、望ましい国家建設を進めようとした。しかしそのような試みでは、結局は現地社会の複雑な情勢にからめ捕られ、利用しているつもりが逆に現地社会の泥沼にはまって閉塞状況に陥っていってしまうのである。

どのように現地社会の事情によって平和構築が影響されるのか。それを分析することこそが、国家建設と重なり合ってきた平和構築を、現代的な視点で的確に捉えることである。繰り返しになるが、あえて再度強調しよう。現地社会が必然的に主導する国家建設は、国際社会の都合で進められるような平和構築の領域を、大きくこえて進展していく。現実的な平和構築の戦略を描き出そうとする者は、そのような現地社会主導の国家建設の必然性を冷静に認識した上で、なお可能な限り望ましい平和構築を構想し、追い求めようとする者でなければならない。

第3章

武力介入は平和をつくるのか？——治安部門の平和構築

現代世界の平和構築活動は、治安維持の領域の活動に、深く入り込んでいくことが珍しくない。そもそも国際的な軍事介入を契機にして進められる平和構築活動は、必然的に治安維持の分野に関わっていく。それは、平和構築が国家建設と大きく重なり合うようになった一つの要因でもある。治安維持の活動、つまり社会に生きる人々の安全の確保は、国家の中枢的な機能であり、国家の存在理由それ自体に関わる。治安維持の活動に、国際的な平和構築の介入が行われていく現象は、過去十数年の変化を象徴的に物語る。

しかし、だからこそ、治安維持の活動には、今日の平和構築が抱える困難が、最も劇的な形で現れてくる。介入は、対象国の国家基盤が脆弱であるときに初めて、必要なものとして正当化される。また介入は、対象国が治安上の問題を抱えていることを強く内外に印象付ける効果も持つ。したがって、長期にわたる平和構築の行方を見据えた上で、介入の是非が判断されなければならない。外部からの軍事介入が国内の治安維持の仕組みに影響を与えてしまったのであれば、その事実を所与のものとして、より望ましい治安維持の仕組みを構築するための介入後の平和構築が実施されなければならない。介入行為と、介入後の安定化の政策は、治安維持の領域において、最も劇的に分かち難く深く結びつく。

本章では、軍事に関連した治安維持・安全保障分野で進められる平和構築活動について、焦点をあてる。平和とは、その最も中核的な意味において、人々の安全が維持されていることである。したがって人々の安全を保障するために、社会内部の治安の維持を図り、対外的な安全保障の仕組みを整えることが、平和構築の最重要課題となる。だからこそ平和構築の活動の裾野が広がるにつれて、国際的な平和構築活動は、介入的な手法をとることも辞さずに、治安部門に関する活動に大きな注意と努力を払うようになったのである。本章では、こうした問題意識の観点から、まず軍事介入と平和構築のつながりを見た上で、「DDR」「SSR」といった治安維持の分野において実施される平和構築活動について考察する。

1　平和構築における軍事的要素

†軍事介入によって始まる平和構築

平和構築は平和を目指す活動である。しかしその過程においては、平和的な手段だけがとられるとは限らない。したがって平和構築においては、軍事要員が関わる場面が多々ある。あるいは警察要員などの他の強制力を持った要員が関わる場面も多々ある。伝統的な平和維持活動においては、これらの要員は、単に中立的な監視者として、受動的な活動をしていればよかった。しかし今日の国際平和活動では、平和維持の場面でも、平和構築の場面でも、強制力を保持した要員がより積極的な活動を行うようになった。執行権を行使して警察力や軍事力を用いる場面が増えてきたのである（図3参照）。

さらに近年では、特に二一世紀の「対テロ戦争」の時代には、人道的な目的を掲げて、あるいは国連安保理決議の実行という理由を掲げて、大国が軍事介入を行う事例が増えてきた。それらの事例においては、軍事介入者が、現地社会および国際的な平和活動に大きな影響を与えることになる。短期で軍事介入が終了する場合には現地の平和維持・平和構築活動との事実上の連携の下に、介入軍が長期に駐留する場合には現地の平和維持・平和構築の進展を主導する形で、軍事介入と平和構築とが密接不可分な関係に至る。軍事介入それ自体は、平和構築と同一ではないとしても、実際には平和構築と連動して展開していくのである。

それどころか、伝統的な平和維持活動と比べれば、今日の平和構築のほうが強制力を行使する要素をより強く持っているとさえ言える。今日の平和構築活動の多くは、受入国政府の治安維持機能に深く関わり、その改革を促し、人権規範の遵守を要請し、強制力の使用を含めた職務遂行方法について改善を求めるからである。その対象範囲は、現地政府の

図3　国連憲章第７章発動事例数の推移

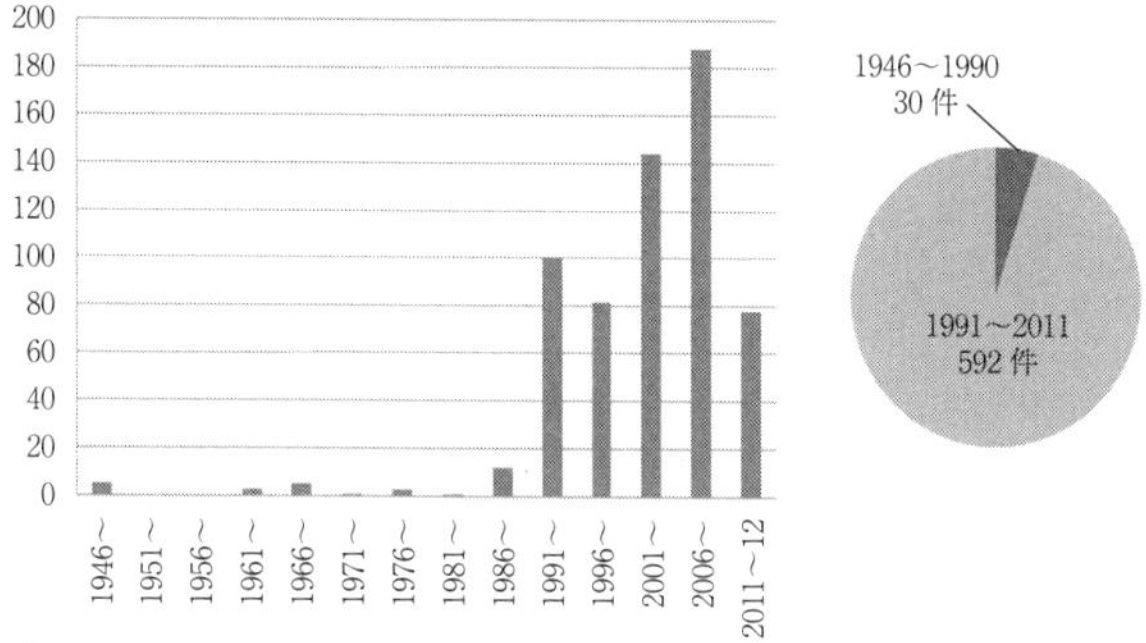

（国連HPを参考に、篠田英朗・秋元悠が作成）

軍事組織、警察組織、司法組織などの多岐にわたる分野に広がる。

軍事介入は、事例に応じた程度の差はあっても、現地社会の治安状況に大きな影響を与える。それは、現地社会の仕組みに必然的に大きな影響を与えるということである。国内的秩序を維持する治安の問題、そして対外的な脅威からの防御を意味する安全保障の問題は、常にその社会の存在そのものに関わる根源的な問題である。軍事介入とは、他者の社会に大きな影響を与えることを不可避としながら、なお行われる強制力として、特別な意味を持つ。

近代的な国家の理論は、市民革命の時代の幕開けとなった「社会契約論」の導入によって準備された。「社会契約」とは、社会の構成員が、自らの安全をよりよく保障するために、共通の安全保障者としての「国家」をつくることに合意するという理論である。つまり「社会契約」論によれば、国家が存在するのは、一人ひとりの市民が自らの安全をよりよく守るためである。こうした近代国家を用意した政治理論にそって考えると、治安維持・安全保障は、国家と社会構成員一人ひとりとの間の契約的関係の根幹に関わる重大問題となる。社会構成員たる人々の安全を保障することができないのであれば、もはや「国家」は契約違反の状態を引き起こしていることになり、「国家」と呼ぶに値しないものになってしまう。

治安維持・安全保障の領域に平和構築活動の介入が発生するのは、理論的に言えば、国家が「社会契約」論によって求められる一人ひとりの市民を守るという機能を、十分に発揮していない状態においてである。国家が危機に瀕している場合だからこそ、治安維持・安全保障という国家の中枢的機能に踏み込んだ平和構築が求められる。

逆に言えば、そのような状態がなければ、過度に介入的な手法は正当化されない。強引な介入は、介入する側に対する疑念だけではなく、介入された側に対する信頼感も失墜させる結果をもたらす。適切に外部介入者を扱うことができなければ、介入される側は、自らの国家としての存在基盤が揺らぐのを防げない。国際社会主導の軍事的な介入が行われた後に、介入された側の社会は、必然的に不安定になる。したがって介入すべきかどうかは、その後の平和構築の見通しもふまえた上で、決定されなければならない。

一九九九年に、コソボをめぐってNATOがセルビア政府勢力に対して空爆を行った後、国連コソボ暫定行政ミッション（UNMIK：United Nations Interim Administration Mission in Kosovo）が展開し、国連が統治権を行使する仕組みが導入され、コソボは事実上の独立地域となった。セルビアのミロシェビッチ大統領は旧ユーゴスラビア国際刑事法廷（ICTY：International Criminal Tribunal for Former Yugoslavia）によって逮捕され、獄中で死亡した。法的地位が曖昧なままであったコソボでは、二〇〇八年に独立宣言が出され、欧米諸国が承認する中、UNMIKは撤退してEU法の支配ミッション（EULEX：European Union Rule of Law Mission）が設立された。その後は、諸国による承認の過程が始まった。しかし依然としてコソボの地位には曖昧さが残っている。軍事介入が、解決されない国家建設の状態を作り出した典型例である。

二〇〇一年にアフガニスタンに対して、二〇〇三年にイラクに対して、米国が行った軍事攻撃は、介入というよりも自衛権を理由にした「対テロ戦争」の一環としての戦争行為であった。しかし実はアフガニスタンでは二〇〇一年以前から内戦が続いていた。そのため米国の軍事介入は、タリバン政権に対抗していた北部同盟軍を味方につけたものであった。またイラクにはあからさまな内戦状態はなかったとはいえ、米国は亡命者を含む反フセイン勢力を味方につけ、独立自治区で親米的になっていた反フセイン勢力のクルド人勢力とも協力関係を持ちながら、フセイン政権を崩壊させ、その後の国家の再建を進めようと企図していた。

こうした観点から言えば、米国の軍事攻撃は、単にその圧倒的な破壊力に関してのみならず、国内の政治的な情勢を変化させる介入としての性格も持っていたと言える。

地域紛争に対して限定的かつ効果的な介入を行った事例は、二〇〇〇年のイギリスによるシエラレオネへの軍事介入、二〇〇三年のフランス軍を中心とするＥＵ軍によるコンゴ民主共和国東部への軍事介入、二〇一一年のＮＡＴＯ軍によるリビアへの軍事介入、そして二〇一三年のフランスによるマリへの軍事介入などをあげることができる。ここで特筆できるのは、旧宗主国と言えるヨーロッパの主要国が、アフリカの地域紛争の悪化を防ぐために、限定的な軍事介入を行うというパターンである。植民地主義の批判を避けるために、軍事介入は極めて限定的に行われ、事後的な平和維持・平和構築活動は、国連や地域機構などの国際機関に委ねられることが意図されている。

同じ地域の諸国が、地域内で行った事例としては、リベリア、シエラレオネ、コートジボワールへのナイジェリア主導のＥＣＯＷＡＳ《エコワス》（Economic Community of West African States：西アフリカ諸国経済共同体）による一九九〇年代初めからの一連の介入行動がある。ＥＣＯＷＡＳは形式的には軍事監視団として派兵をするが、実際にはかなりの程度に強権的な行動をとり、リベリアやシエラレオネでは事実上一つの紛争当事者として激しい戦闘行為に従事した。

また、オーストラリアなどによる東ティモールやソロモン諸島への軍事介入なども、近隣諸国への介入の例としてあげることができるだろう。東ティモールではＩＮＴＥＲＦＥＴ（International Force for East Timor：東ティモール国際軍）と呼ばれる多国籍軍を形成し、あるいはソロモン諸島ではＰＩＦ（Pacific Islands Forum：太平洋諸島フォーラム）の枠組みを用いて、オーストラリアが行った軍事介入行動は、ＥＣＯＷＡＳなどと比すれば、比較的穏健な治安維持活動を主にしたものだったと言える。しかしいずれの場合でも、その後の現地社会の情勢に決定的な転換点をもたらした軍事介入であったとは言える。

なお二〇〇八年のロシアによる南オセチアへの介入は、かなりの程度に当事者に近い隣接の大国による介入という意味で、さらに質的に異なるものだとみなされることが多い。ロシアとグルジアの戦争が、南オセチアとアブハジアを舞台に繰り広げられたにすぎないという見方である。いずれにせよ、ロシアの他国の領土内での軍事行動は、ＮＡＴＯがコソボにおいて作り出したのと同じ状態を作り出した。軍事介入後、ロシアは南オセチアとアブハジアの独立を承認した。二〇〇八年のロシアによるグルジア領内への軍事侵攻は、相当程度にグルジア領内の政治情勢に反応して引き起こされた性格を持つものであっただろう。しかし瞬時の独立承認は、介入国ロシアの明白な政治的意思を物語る。

†軍事介入によって生まれた国家

このように現実の世界の動きを見ると、軍事介入が対象地域の政治情勢に決定的な影響を与え、しばしば軍事介入を契機として新たな国が作り出されてきていることがわかる。人類の長い歴史を見ても、大きな戦争が勃発して終息していく過程の中で、新たな国々が生まれ、あるいは既存の国が新たな仕組みの国へと生まれ変わった。

第一次世界大戦はハプスブルク朝、ロマノフ朝、オスマン朝という三つの帝国主義王朝の崩壊をもたらし、欧州に新たな小国群を作り出した。第二次世界大戦はイギリスとフランスの帝国の崩壊をもたらし、アジアにおいて、そしてやがてアフリカにおいて、多くの新興独立諸国が生まれた。冷戦の終結は、欧州にさらに多くの新興国を作り出しただけではなく、アフリカから東南アジアにかけての地域の諸国の既存の政治体制に大きな動揺を与えた。あるいは日本やドイツは、第二次世界大戦を媒介にして、全く新しい国に生まれ変わった。

二〇世紀後半の軍事介入の歴史を見ても、インドの介入がパキスタンの過酷な統治下にあったバングラデシュを独立国として成り立たせ、ベトナムの介入がカンボジアのクメール・ルージュ政権を駆逐してジェノサイドを止め、タンザニアの介入がウガンダのアミン独裁政権の蛮行に終止符を打った。

これらの事例において、軍事介入を行った側は、必ずしも新しい国家の樹立や国家体制の再構築を最初から主要な目的にして介入を開始したわけではなかった。しかし結果として、軍事介入は、国家体制の再構築を促進するのであった。軍事介入を受けた後においても、介入された側の人々が、なお全く何事もなかったかのように、介入前と同じ治安維持体制や安全保障体制をとり続けることは、極めて難しい。介入者が国家の構築を必ずしも当初から求めていなかった場合でも、軍事介入によって遅かれ早かれ、国家体制の再構築が不可避的に要請されるのが普通である。外部介入者が、ある国家の治安維持・安全保障の領域に影響を与えるとき、その国家の政治的仕組みにも影響を与えていく。介入者の意図にかかわらず、軍事介入は、介入された国の政治情勢に決定的な影響を与えていくのである。

もっとも軍事介入が実際に行われた事例だけを見るのは、一面的であるかもしれない。一九九四年に八〇万人が犠牲になったと言われるルワンダの大虐殺が発生した際、前年のソマリアでの一八名の海兵隊員の犠牲によって介入に慎重になっていたアメリカを初めとする各国は、目に見えた反応をすることがなかった。数千人規模の軍事部隊の介入によって、数十万人の命が救われたはずだと言われる事例において、国際社会は不介入という選択によって発生した責任を背負うことになったと言ってよい。今日であれば、たとえばシリアの内戦をめぐって、国際社会は介入または不介入の選択によって生まれる事態に対して引き受けなければならない責任を負っている。

平和構築の観点から見ると、軍事介入は常に必ずないほうがいい、とは言えない。軍事的な介入によって切り開かれる平和構築はある。しかし強制力を行使する度合いが高まれば高まるほど、その活動が持つ責任の度合いも高まっていく。どのような場合に強制力の行使を必要かつ妥当だと判断するか、どのような場合に対象国の治安維持部門に入り込んでいくような活動を必要かつ妥当だと判断するのかは、平和構築の政策的見通しを立てる際に、決定的に重要になる事実である。住民を保護するためには軍事力の行使は正当化されるという考え方を示す「保護する責任（Responsibility to Protect：R２P）」や「文民の保護（Protection of Civilians：ＰｏＣ）」の考え方などは、さらにいっそう精緻に議論を進めるための努力を示すものだと言えるだろう。問題は、何を具体的な目的にして、どのような政策的見込みで平和構築の戦略を立案し、実施するか、ということである。

†軍事介入と政治戦略

伝統的な国連PKOは、紛争当事者の同意、自衛以外の武力の不行使、中立性、などを原則にする特徴を持っていた。これらは冷戦時代に始められたPKOが、大国間であろうが小国内部であろうが、政治的確執にはなるべく関わらないようにするという配慮を持っていたことによる。しかし国際社会の環境も変わり、近年のPKOでは、様々な変質が起こっている。いわゆる「強力な（robust）」PKOを目指す流れは、国連事務総長が設置した「国連平和活動検討委員会」が二〇〇〇年に発表した、いわゆる『ブラヒミ・レポート』以降、大きな潮流となっている。

国連安保理が次々と包括的な任務を持つPKOミッションを設立していく中、紛争当事者の同意という原則は、形骸化していると言ってよい。また、国連憲章七章の権威を持ち、任務にもとづいて武力行使をすることが許される場合が増えてきた。特に、国連機関の保護、および文民の保護については、武力を行使してでも遂行すべしという任務が増えてきた。こうした現象を如実に物語るのが、「中立性（neutrality）」原則から、「公平性（impartiality）」原則へのドクトリンの転換であろう。

二〇〇八年に国連PKO局が発表した『国連平和維持活動――原則と指針』（いわゆる『キャップストーン・ドクトリン』）は、国連PKOが「中立性」ではなく「公平性」を活動原則とすることを謳いあげた。伝統的な「中立性」原則とは、紛争当事者のどちらにも偏ることなく活動するということである。

これに対して「公平性」原則の中心的含意は、原則にもとづいて行動する、ということである。この場合の「原則」とは、国際法規範だけでなく和平合意なども含む。『キャップストーン・ドクトリン』における説明では、サッカーの審判の例が引き合いに出されているが、規則にしたがって行動するということは、一方の当事者が不正を犯した場合には、それに対して厳正に対処することが求められるということである。「中立性」を重んじるあまり規則の適用を加減することがあってはならない。どちらか一方が深刻に規則を破っているのであれば、一方に対してだけレッドカードを連発することも、「公平性」の観点からは、躊躇してはいけないのである。

言うまでもなく、国連ＰＫＯがサッカーの審判のように振る舞うということは、和平合意の逸脱者が現れた場合、あるいは国際人道法の違反者が現れた場合、政治的領域に入り込んで中立性を危うくすることを恐れて行動を躊躇してはならない、ということを意味する。逸脱者に対しては厳正に和平合意遵守を求め、違反者に対しては可能な限りの手段で国際人道法を守る行動に出なければならないのである。

このようなドクトリンの転換が宣言されたのは、言うまでもなく、強制力の裏付けをもってでも和平合意の遵守を求め、中核的な国際法規範の遵守を求めることを、国連ＰＫＯ

も行わなければならない、という認識によってである。これは実行力のなかった国連PKOが大きな批判にさらされていた一九九〇年代の反省もふまえ、強力なPKOが必要になる理由でもある「原則」の規範性を強化し、それによってPKOの実行力も強化していくという流れの中で、生まれてきた議論であると言える。

つまり、たとえ国連PKOが軍事介入の様相を呈するようなことになっても、それでもなお守らなければならない価値があるのなら、国連PKOはそれを守る、ということである。いわば国連PKOが軍事介入になってしまうことを避けるのが伝統的なPKO原則の意図であったとすれば、現代では、たとえPKOが軍事介入になってしまうとしても、守るべき価値を守ることを放棄しないことになった。国連PKOのドクトリンの転換の背景には、PKOの役割に関する考え方の転換がある。

今や国連PKOは受動的な存在ではなく、より積極的に、守るべき価値を守り、つくるべき平和をつくっていくための活動となった。そのために国連PKOが軍事介入のようになったとしても、価値の実現としての平和の達成が、正当化の根拠になる。安保理は、「国際の平和と安全の脅威」を認定して、国連憲章七章を発動するとき、国際人道法に体現されている価値が深刻に脅かされている状態があるかないかに注目する。そして価値を実現して、平和を達成するための戦略にもとづいて、具体的な活動を計画し、実施する。

マリ北部でテロリストとされる反政府勢力が伸長しているのを見て、二〇一三年一月にフランスが軍事介入し、続いてアフリカ諸国が介入し、七月には新しい国連PKOミッションが設立された。「MINUSMA（United Nations Multidimensional Integrated Stabilization Mission in Mali：国連マリ多角的統合安定化ミッション）」は、その名の通り、驚くほどに包括的な任務を持っている。つまり「人口集積地の安定及び国土全域に対する国家権威の再確立」、「国民政治対話や選挙過程を含む（政治体制）移行ロードマップの実施」、「文民・国連職員の保護」、「人権の促進と保護」、「人道支援、文化保護、国内的・国際的正義／司法への支援」、といった具合である。包括的に現地安定化への支援に関わることによって、反政府勢力を軍事的に駆逐し、治安維持のために軍事的に展開し続けている諸国の努力が、一つの実を結ぶはずだと期待されているのである。

MINUSMAを設立するにあたり、もちろん反政府勢力との間の同意はなかったし、中立性もなかった。任務遂行のために必要であれば、武力行使をする権限も付与されている。MINUSMAは、それよりも軍事介入の成果を活かし、テロリスト勢力という国際社会全体の敵に対抗して、守るべき価値を守り、新しいマリの中央政府の立ち上げを支えるという目的を持っているのである。

なおここで守るべき価値とは、第一義的には国際法によって定められている規則であり、国連憲章および国際人道法や国際人権法の価値を中核とするものである。しかし、場合によっては、もっと違う種類の価値が、同じような位置づけを与えられることもあるかもしれない。

二〇〇三年イラク戦争を開始する前に、ジョージ・W・ブッシュ大統領は、第二次世界大戦後の日本とドイツの民主化の例をとりながら、イラクの民主化に向けた体制変更はイラク人にとって好ましい結果をもたらすだろうと主張した。「民主主義国同士は戦争をしない」というテーゼで知られる「民主的平和（デモクラティック・ピース）」論に同調する多くのアメリカ人にとっては、民主主義国の広がりはそのまま平和愛好諸国の広がりを意味する。そうなると、民主主義国を増やすための戦争は、世界をより平和にするための措置であるかもしれず、国際社会全体にとっても肯定的な意味を持ちうるものであるかもしれない。

ブルース・ラセットらアメリカの政治学者によって主張された「民主的平和」論は、もともと「民主主義国同士は戦争をしない」というテーゼを扱うものであり、民主主義国と非民主主義国の間の戦争には関知しない。つまり民主主義国と非民主主義国の間には頻繁に戦争が起こることを、「民主的平和」論は否定しない。また、「民主的平和」論は、内戦については取り扱わない。

したがって「民主的平和」論の主張の根幹は、どのようにして「民主主義国」を定義するかにかかっている。ある国が、自国を民主主義国と定義し、敵対国を非民主主義国と定義すれば、戦争を仕掛けても「民主的平和」論の反証にはならない。それどころか敵対する非民主主義国を民主的に作り替えるために戦争を行うことを「民主的平和」論の観点から正当化できてしまうので、「民主的平和」論は意外にもあまり平和的ではない一面も持っている。ブッシュ大統領時代のアメリカは、いわば「中東における民主化のドミノ現象」を狙い、イランを挟み込むアフガニスタンとイラクにおける同時民主化を目指す大戦略を持っていたが、今日の世界でその妥当性を信じる者はほとんどいないだろう。

ただし中東に注ぎ込まれた新しい動きが、「アラブの春」へと至るある種の民主化運動に何も影響を与えなかったかどうかはわからない。イラクでアメリカがフセイン政権を倒して以来、確かにアラブ地域では一人また一人と、独裁者が倒されている。ただその具体的な流れは、ブッシュ大統領が望んだものとは違っている。マルクスが言ったように、まさに「人間は自分自身の歴史をつくる。だが、思うままにではない」。「民主的平和」論は、本書が「紛争ベルト地帯」と呼ぶ中東を中心にした世界の紛争多発地帯に、新しい戦争と民主化の流れを作り出した。どれほど戦争が多発しようとも、完全な民主主義国同士が戦争をするまでは、「民主的平和」の理論は崩れることはない。

軍事戦略論の古典である『戦争論』における、一九世紀プロイセンの天才軍事戦略理論家クラウゼヴィッツのあまりにも有名な言葉によれば、「戦争は他の手段による政治の継続にすぎない」。軍事介入を行うということは、その背景に、対象国に関する、さらにはより広い対象範囲に関する、政治的な戦略があるということである。そして、軍事介入をするということは、介入後に必然的に発生する政治的責任を引き受けるということである。より具体的には、平和構築の困難に対して責任を引き受けるということである。換言すれば、あえて責任を負ってでも作り出したい新しい平和を求めるのであれば、軍事介入は平和構築への勇敢な一歩となるかもしれない。結果が全てを決めるというわけではないが、平和構築の行方によって、軍事介入の評価が変化していくだろうことは否定できない。

われわれ日本人は、軍事力の行使の是非を、それ自体で完結した問題として論じがちである。確かに、ある状況で軍事力の行使が許されるかどうかは、もちろん常に国際法規則に照らして精査しなければならない重大論点となる。しかし、武力行使が合法であるか違法であるかは、たとえば紛争地に生きる人々にとっては必ずしも直近の問題ではない。より重要なのは、武力行使がもたらす結果である。

治安維持・安全保障に関する平和構築活動の政策的重大性を看過して、ある種の技術論だけに終始しようとすることは、平和構築をめぐって発生する責任の性格を曖昧にする。

あるいは、武力行使がなされた瞬間、法規範が届かない領域で戦争行為が展開していくかのように仮定する態度は、あまりに無責任である。武力行使は必要だったのか否か、という問いを発しながら、対象国の治安維持部門に深く入り込んでいくような平和構築活動の意味について考えることが、よりよい平和構築のために求められるのである。

2 「DDR」は平和構築に不可欠か

†武器回収から平和構築へ

平和構築活動は、開発援助や人道援助の領域まで含む広い概念だが、歴史的な概念の発展を考えれば、その起源は国連平和維持活動の関連活動にあると言える。武力紛争が起こったとき、和平合意などを結んで紛争を停止させるための国際的努力が行われ（これは「平和創造」活動と呼ばれる）、次に停戦状態を維持していくための国際部隊が派遣されることになる（これが「平和維持」活動と呼ばれる）。その際に、単に停戦を維持するだけではなく、より長期的な平和を作り出していくための活動も求められることになる。

そうした経緯で、一九九二年のブトロス・ブトロス＝ガリ国連事務総長による『平和への課題』の公刊以降、長期的な平和のための社会的基盤を確立するための活動を総称して、「平和構築」と呼ぶようになった。したがって概念としての「平和構築」の起源は、「平和創造」・「平和維持」・「平和構築」の相互連動性を前提にしながら、同時に区別していく試みにある。

「平和維持」の主力は、武力紛争の当事者の間に入って中立的な立場から停戦監視等の活動にあたる軍事部隊であった。日本の自衛隊も長い間参加していたゴラン高原での国連兵力引き離し監視隊（United Nations Disengagement Observer Force：ＵＮＤＯＦ）が、第四次中東戦争の後のイスラエルとシリアの間の兵力引き離しを目的として創設されたのは、一九七四年のことであった。しかし平和維持活動は、特に冷戦終焉後に生まれた過去二〇年あまりの間の平和維持活動には、単なる監視活動だけを行うのではなく、むしろ積極的に多角的な活動に乗り出すものが多くなった。それによってより広範な活動を扱う平和構築との連動性が、大きく高まっていくことになった。

軍事部隊を中核に持つ平和維持活動が、武装勢力の監視活動の次に行うことが期待されるのは、武器回収である。これは極めて論理的な帰結である。武力紛争の状態にある社会とは、つまり必要以上に多くの武装した人々が、必要以上に活発に動いている社会である。

不必要な交戦状態が続いていくのを防ぎ、停戦が維持される状態が続くようになった場合には、不必要な武装勢力の量を減らしていくことが求められる。

ただしある特定の一つの武装勢力だけを解散させようとすれば、当然ながら不満勢力の抵抗を招くことになる。武装勢力の相互が認めあう形で、それぞれが段階的に武装レベルを下げていくことが望ましい。つまり武装した人々の数を減らすか、武装の度合いを下げることが期待される。その上で、可能であれば、武器回収の活動が進められることになる。武器回収にあたっては、武器の動向や機能に精通した専門家が必要になるので、平和維持部隊による貢献が期待されることになるわけである。

典型的なやり方としては、停戦を合意した際に、あわせて武器回収のやり方も武力紛争の当事者間で合意をしておく。たとえば合意後の最初の半年間で双方が小型の兵器を一万丁ずつ放棄する、といった具合である。平和維持部隊は、放棄される武器を回収する作業を主導し、実際に本物の武器がどれくらいの数で提出されたかを確証する役割を担うだろう。提出された武器を安全な場所に移動させて保管し、あるいは廃棄する作業を任されることもある。

武器回収は、必然的に、旧兵力の中に「武装解除」された状態に至る者を作り出す。平時には余剰となる兵力の「武装解除」は、必然的に「動員解除」をもたらす。武器がなければ、不必要な兵力を維持することに意味がないだけでなく、もはや兵力として考えることもできなくなり、武装組織からの離脱が行われるからである。平和維持部隊は、武器回収が武装解除へとつながる場合に、武装解除された兵力の把握を行う役割を与えられるだろう。そして武装解除・動員解除は、元兵士の人々が、何らかの形で社会復帰することを手助けする「社会再統合」の活動へと連なっていく。この「武装解除・動員解除・社会再統合」の動きが、「DDR」と総称される、今や平和構築の代表的活動とも考えられている一連の活動を作り出すわけである。

†「DDR」の展開

「DDR」が今日の平和構築の中で、代表的な活動だとみなされるようになったのは、武装した兵士を、普通の住民として一般社会の中に戻すという象徴的な意味を持つ活動だからであろう。今や「DDR」は平和構築活動の一つのカテゴリー名称として確立され、様々な地域で様々な「DDR」に従事した経験を持つ実務家層も数多く育ってきた。国連機関が中心になって編纂されて二〇一〇年に公刊された『統合DDR基準(Integrated DDR Standards : IDDRS)活動ガイド』と呼ばれるガイドラインは、DDR実施にあたって原則とすべき考え方や、ジェンダーの視点などからのDDR実施の留意点などを、約三〇〇頁にわたって詳細に書き記した。

さらに、様々な調査・研究が「DDR」を着眼点にして行われてきた。特に日本では、「DDR」への関心が高い。二〇〇一年から二〇〇五年までの「ボン合意」の履行過程において一定の役割を果たすべく、アフガニスタンで日本が「DDR」の主導国になったという背景もあるだろう。軍事部隊を派遣していない日本の文民の専門家でも、武装解除・動員解除といった平和構築の最前線で活躍できることを示したのが、アフガニスタンでの「DDR」の活動であった。ただし実際には、アフガニスタンでボン・プロセスが終了した二〇〇五年以降、日本は必ずしも主体的に「DDR」関連の活動に積極的に取り組んできているわけではない。

かつては「D（武装解除）」「D（動員解除）」「R（再統合）」は、別個の活動として行われてきた。しかし一九九〇年代末以降の平和構築の活動の発展が、国連の平和活動を「統合」するという大きな潮流の中で進められた際に、別々の機関が行う別々の活動を組み合わせて、「DDR」という一つの活動プロセスとして認識することの重要性が、華やかに強調されるようになった。PKOミッション軍事部門や、開発援助機関が、一つの統合的な戦略の中で活躍するために、「DDR」は格好の舞台となったのである。

「DDR」という活動の内容は、伝統的な平和維持活動の中核部分から自然に発展してきたものである。しかし概念としての「ＤＤＲ」は、それほど古いものではない。それは、一九九〇年代末以降の国際的な平和活動の活動の見なおしの過程において、体系的に認識されるようになった概念である。こうした事情が、今日の平和活動における「ＤＤＲ」の重要性と、不安定性をもたらしている。平和構築を通じた治安維持という大きな目的に照らしてみたとき、「ＤＤＲ」が重要であることに疑いの余地はない。しかし、それではどのように実施すればよいのかという「ＤＤＲ」の具体的姿に関する問いを発すると、答えは様々になる。

二一世紀になってから行われたいくつかの代表的な国連平和維持活動を通じて、「ＤＤＲ」の概念は確立された。シエラレオネやアフガニスタンのように国家機能が脆弱な最貧国群で行われた「ＤＤＲ」は、確かに、大規模な武装解除・動員解除から、包括的な社会経済開発も視野に入れた広範なものであった。「Ｄ」「Ｄ」「Ｒ」のそれぞれが目に見えた活動内容を持ちながら、統合された国連ミッションや国際支援枠組みの統一的な戦略にそって進められたという意味で、「典型的なＤＤＲ」であった。

†「ＤＤＲ」の応用

しかしだからといって、紛争後の社会の全てに「典型的なＤＤＲ」を常にあてはめるべきだということにはならない。「ＤＤＲ」を過大評価する人々にとっては、「ＤＤＲ」とは、ほとんど平和構築の不可欠の基本アイテムとして存在しているものであるかのようである。だが、一般論としての「ＤＤＲ」の重要性は、ある個別的な事例における「ＤＤＲ」の望ましい実施方法など教えてくれない。治安維持に関する平和構築は必須だが、「典型的なＤＤＲ」は、必ずしもそうではない。

「アラブの春」の大きなうねりの中で、カダフィ独裁政権が倒れたリビアを例にとろう。二〇一一年にカダフィ体制が崩壊した際には、ＮＡＴＯによる大々的な空爆が行われた。ただしリビアは世界でも中位程度の豊かさを持つ石油産出国であり、必ずしも大規模な国際支援のニーズがあるわけではない。また、ＮＡＴＯ諸国が事実上支援した反カダフィ派の一方的な勝利によって内戦が終わり、しかも短期で終結して民兵たちの社会復帰も比較的容易であったため、貧しい上に国家機構が脆弱な国で行われる種類の「典型的なＤＤＲ」は、リビアでは必要とされなかった。

そこで国連リビア支援団（ＵＮＳＭＩＬ：United Nations Support Mission in Libya）が導入したのは、「ＩＤＲ」という概念であった。つまり「社会統合（Integration）」がまず先に促進され、その後に可能な限りの武装解除を進め、さらに残った社会再統合に関する問題に対応するという見取り図である。

こうした現地の実情にあわせた概念の修正は、何度となく起こってきた。たとえばコンゴ民主共和国のMONUC（Mission de l'Organisation des Nations Unies en République démocratique du Congo：国連コンゴ民主共和国ミッション）というPKOミッションに関する二〇〇一年以降の安保理決議では、「帰還（Repatriation）」の語を含めた「DDRR」という概念が用いられた。リベリアでは、二〇〇三年に始まって二〇〇九年に公式に終了したことになっているDDRプロセスが、「DDRR（Disarmament, Demobilization, Rehabilitation and Reintegration）」と呼ばれた。同じ西アフリカのコートジボワールでも、国連安保理はPKOミッションを設立するにあたって、DDRプロセスに「再定住（Resettlement）」と「帰還」の二つの「R」を付け加えていた。

これらを「DDR」という標準に対する奇妙な逸脱と考えるべきではないだろう。確かにこれらの事例は「典型的なDDR」ではない要素を含んでいたのかもしれない。だが世界のどこでも、同じ「典型的なDDR」が機械的に適用されるべきだと考えるほうが、非現実的である。それぞれの地域の実情をくみ取った上で、なお「DDR」という範疇そのままの用語を使うのか、あるいは独自の要素をあえて強調するために「DDRR」「IDR」といった概念を使うのかは、一つの政策判断となる。さらに言えば、ある種の「DDR」と呼びうる諸活動がある場合においても、政治的な理由などにより「DDR」という用語をあえて用いない場合もあるだろう。

このように「ＤＤＲ」の具体的適用方法や概念定義には、不安定性がある。政策レベルで言えば、そもそも「ＤＤＲ」が常に平和構築を前進させるものだと安易に仮定できるわけではない。日本が深く関与したアフガニスタンにおける「ＤＤＲ」では、二〇〇一年ボン合意で設定された目標を達成するという意味では、成功を収めた。旧来の北部同盟側の軍閥勢力に相当数の武器を放棄させ、多くの兵員を軍務から解放した。

しかしその後のアフガニスタンが、タリバン勢力の勢力拡大による戦闘やテロに苛まれ続けていることを考えれば、そもそも「ＤＤＲ」が適切な時期に適切に実施されたと言えるのか、「ＤＤＲ」はかえって治安維持における力関係の不安定性をもたらしてタリバン台頭の温床となったのではないか、といった疑念もわく。

勢力の均衡状態の上に一定の安定が達成される場合には、その勢力の均衡性を崩さない形で「ＤＤＲ」を実施することが必要になると言える。そうでなければ、均衡に代わる安定化の仕組みが確保されなければならない。アフガニスタンの場合には、米軍およびその他の国際部隊の存在がタリバン政権崩壊後の安定を保障している間に、現地政府の治安維持機構の整備を急ぐ、という見込みであった。しかし国際部隊の存在がタリバンの台頭を抑止できないことがわかったとき、急造されたにすぎない新国軍・新警察機構もまた、混乱した状態に陥ったのであった。

「DDR」は、軍事介入や平和維持の規模が大きく現地勢力を圧倒する場合に、円滑に進展する傾向を見せる。アフガニスタンではボン・プロセスの時期には一定程度はその傾向があったが、その後はタリバン勢力の台頭によって、「DDR」は逆向きに進められることになった。その他、「DDR」が試みられても停滞を余儀なくされたコートジボワール、ネパール、ハイチといった事例を見るならば、共通しているのは、国際的な軍事力の展開が極めて限定的な形でのみ行われた点である。

現地政府の力が強い場合には、国際標準モデルの「DDR」ではなく、むしろ中央政府の求心力を背景にした武装解除・動員解除が実施されることになる。たとえば、一九九二年のカンボジアでは、国連暫定統治機構（UNTAC）が実施した選挙によって、内戦の当事者勢力が参加する国民的な議会・政府が成立した。フン・セン首相が実権を握る統治体制が強化されたため、反政府の立場にとどまったクメール・ルージュ（ポル・ポト派）勢力に対しては、政府は強気の軍事攻勢をかけることになった。

その一方で、投降者の罪は問わないという方針も定められた。それによってクメール・ルージュは壊滅的な打撃を受け、その兵士たちの武装解除・動員解除、そして社会再統合は、カンボジアの中央政府の意向にしたがって進められることになったのである。

これらの事例は、冷厳に安全保障・治安維持環境を見定めた上で、総合的な平和構築の政策的観点から、「ＤＤＲ」の必要性や実施方法を考えなければならないことを示唆している。「ＤＤＲ」がいかに重要な活動であるといっても、「ＤＤＲ」だけを独立した活動とみなして、大きな平和構築の文脈から切り離して理解することは許されない。平和構築の政策が「ＤＤＲ」のあり方を決めるのであって、その逆ではない。

3 「ＳＳＲ」は平和構築に不可欠か

†「DDR」から「SSR」へ

「ＤＤＲ」と同じように過去一五年ほどの間に定着した用語に「ＳＳＲ」がある。治安部門改革と訳されることが多い「Security Sector Reform」の略称だが、実際には対外的な安全保障を担う軍事組織の改編なども含む広い意味で使われることが多いため、「治安・安全保障部門改革」といった言い方がなされることもある。「ＤＤＲ」と区別して「ＤＤＲ」と並ぶ狭い意味で用いられる場合もあるが、「ＤＤＲ」も含む治安関係の改革全般を指す広い意味で用いられる場合もある。狭義の場合には、警察機構を中心とした、軍隊を含まない治安維持関係の政府機構の改革のことを指す。広義であれば、治安維持能力の向上を目指した政府機構の整備・改編を意味し、警察のみならず、軍事組織や司法機関に関わる改革を、総合的に意味する。

このように「SSR」は、「DDR」などと複雑な関係を持ちながら、平和構築の重要活動の一つとして確固たる位置づけを与えられている。「DDR」が、武力紛争の終結後には余剰となる武器と兵員の扱いに関する活動を意味していたとすれば、「SSR」は、武力紛争の終結後に治安維持機能に焦点をあてて政府機構を立てなおしていくための活動である。つまり両者は同じ治安維持・安全保障の活動に関わるものではあるが、「DDR」が具体的に存在する物と人を処理する活動だとすれば、「SSR」とはより制度的・組織的な問題を処理する活動だと言える。

「DDR」の場合であれば、「DD」、つまり「武装解除・動員解除」の部分で、武器・兵士を取り扱う軍事問題の専門家が必要となる。これらは国連PKOの軍事部隊の要員が従事するのが普通であり、そこに軍事的知識も持った文民専門家が監督・調整役として加わってくるような形がとられる。その上で、「R」、つまり「社会再統合」の部分で、開発援助機関が職業訓練支援を提供する事業などを行うことになる。

これに対して「ＳＳＲ」では、治安維持に関する政府機構の総合的な改革が求められるため、軍事的領域の専門家や開発援助の専門家が、一つの体系的計画の下に、同時並行的にそれぞれの特性を活かした活動を行っていくことになる。

たとえば国連ＰＫＯの軍事部隊の要員が現地政府軍の兵士の訓練を行い、国連ＰＫＯの警察部門の要員が現地警察官の訓練を行い、同時に、政務部門の要員が国防省や内務省の機構改革を促し、人権部門の要員が人権擁護のための監視活動を行い、開発援助機関が裁判官や刑務官を訓練する事業を提供する、といった具合である。これらが全て折り重なって「ＳＳＲ」を形成する。「ＤＤＲ」のように、各部門の活動が段階的に引き継がれて行われるのではない。様々な部門による様々な活動を、同時に一つの体系的な改革を構成するように実施していくのが「ＳＳＲ」である。

†多様な「ＳＳＲ」の調整

「ＳＳＲ」という概念は、一九九八年に英国の国際開発省長官であったクレア・ショートが、一九九〇年代の米国や欧州諸国によるハイチやボスニア・ヘルツェゴビナにおける介入後の平和構築の事例を参照して使い始めたものだと言われる。したがって国際的な軍事介入を行ったがゆえに現地政府の軍事・警察部門の活動を国際的に支援し、改変するようになった状況を指して、「ＳＳＲ」と呼ぶようになったのが始まりである。その後に「ＳＳＲ」という概念が、より広い文脈で用いられるようになり、開発援助機関なども積極的に自ら「ＳＳＲ」の一環として位置づける活動を行うようになった。

たとえば開発援助委員会（ＤＡＣ）であれば、「ＳＳＲ」を「Security Sector Reform」ではなく、「Security System Reform」を意味するものとして用いている。つまり「部門（Sector）」ではなく「システム（system）」のレベルで行われるのが「ＳＳＲ」なのだという。狭い意味での「治安維持部門（Sector）」では、開発援助機関が果たす役割が過小評価されてしまう。同様に国連開発計画（ＵＮＤＰ：United Nations Development Programme）であれば、「Justice and Security Sector Reform」という用語を用いる。いずれの場合にも、開発援助機関が「ＳＳＲ」に関与するにあたって、狭義の治安維持部門だけに特化するのではない広い「ＳＳＲ」を強調するために、修正が加えられたのだと言える。

国際社会はしばしば、軍事介入を典型とする安全保障部門に関わる大々的な関与の「撤退」または「縮小」の戦略の中で、補塡的に現地社会の治安維持機能の向上などを図る措置として「ＳＳＲ」の役割を見出してきた。それに対して、開発援助も含めた広い意味での「ＳＳＲ」は、より望ましい社会の発展または公正の実現の過程において、政治的・経済的・社会的価値規範を実現するシステムの文脈において、「ＳＳＲ」の意義を捉えることになる。

　前者の軍事介入後の要請によって求められる「ＳＳＲ」は、比較的短い時間軸の中で、軍事作戦の目的をさらに達成していくための「戦略」の中で、強く意識される。つまり介入者にとって敵性の勢力を駆逐し、安定的な関係を保ちながら、現地社会の勢力による治安維持部門の能力を強化するのが「ＳＳＲ」である。あるいは平和維持活動にあたっている国際部隊が、自らの活動の成果を円滑に平和構築の領域へとつなげていこうとするときに求められるのが、前者の狭義の「ＳＳＲ」である。

　これに対して後者の広い意味での「ＳＳＲ」は、比較的長期的な計画の中で、政治過程や社会開発を治安部門の観点から相互整合性のある形で進めていくための「指針」として、強く意識される。後者の広義の「ＳＳＲ」は、むしろより良い治安部門をつくりあげる方向で様々な活動を調整・統合するために「ＳＳＲ」を捉えようとする傾向を持つ。

　実は軍事介入が「ＳＳＲ」を要請するという事情は、過去二〇年程度で急に巻き起こった問題領域ではない。たとえばアメリカを例にとるだけでも、一九世紀のメキシコへの介入、内戦後の北部連合の南部諸州の軍事占領、そしてフィリピン、プエルトリコ、キューバ、ハイチ、サモア、ニカラグア、グアテマラ、などへの介入政策を通じて、伝統的に活用されてきた。もちろんその系譜は、第二次世界大戦後の時代のドイツと日本に対する占領政策にも反映されている。これらの事例では、国内勢力を圧倒する介入あるいは占領が行われた後、治安上の空白を埋めるために、「ＳＳＲ」と呼ぶことができる治安維持機能の再建が、介入者・占領者によって行われた。

二一世紀の対テロ戦争の時代に、アフガニスタンやイラクで米国が推進してきた「ＳＳＲ」も、基本的に介入者・占領者として駐留するアメリカが、軍事力を撤収させるために推進した政策であった。両国では、アメリカの軍事的プレゼンスの縮小のスケジュールにあわせて、現地の国軍・警察の増強が図られた。テロ攻撃の標的となる米軍を縮小させながらも、治安上の力の空白を作り出さないように、軍隊も含めた現地政府の治安組織の強化が求められたのである。

アフガニスタンでは、「ＤＤＲ」によって一度は縮小整理されたはずだったアフガン国軍が、一〇万人以上の規模にまで短期間で増強された。米国の軍事プレゼンスを撤収させながら、テロリスト勢力を封じ込めるという米国の国益を確保するために、現地政府の治安維持関係機関を対テロ戦争に組み込もうとする流れの中で推進されたのが「ＳＳＲ」だった。

国連の平和維持・平和構築活動における「ＳＳＲ」は、テロリスト勢力の封じ込めという観点から実施されるものではない。ただし「出口戦略」として「SSR」が求められるという事情は同じである。一九九五年の『平和への課題——追補』において、当時の国連事務総長ブトロス・ブトロス＝ガリが論じたように、「武装解除、小火器管理、制度改革、警察・司法システムの改善、人権監視」などは、「平和の制度化」と呼ばれ、平和創造、平和維持から紛争後平和構築へと至るために必要な活動だと認識された。

二〇〇一年に発表された『戦略なくして出口なし』と題された報告書において、当時の国連事務総長のコフィ・アナンが論じたように、「内的・外的安全保障の定着」は、「出口戦略」として、平和構築の重要領域と考えられた。中立的な警察機構の創設、DDR、司法・刑務部門改革、地雷除去などから構成される「SSR」は、平和維持部隊の撤収を可能にするものであるがゆえに、重要なのであった。

「SSR」は、国際的な介入組織が、介入した地域から撤収するために必要になる。現地政府の治安維持能力を高めていく「SSR」なくして国際介入に出口はなく、したがって「SSR」なくして国際介入を決断することもできない。近年では、平和維持活動の「出口戦略」を語る機会も少なくなった。なぜなら「出口戦略」は、「SSR」を中核とする平和構築の戦略的見取り図の中の「一つの移行段階」として認識されるべきものになったからである。ただしそれは本当の意味で「出口戦略」が不要になったということを意味しない。「出口戦略」が「SSR」と言いかえられているにすぎない面もある。

これに対して、広義の「SSR」は、開発援助活動が積極的に現地政府の機構改革や能力開発に関わり、治安維持に関係する部門にまで関わる。広義の「SSR」であれば、治安維持を果たす政府機能が劣悪であるならば、社会経済開発はおぼつかないという認識の下に、推進されることになる。

DACは精力的に「治安システム改革（Security System Reform）」として、開発援助の観点からの整理を行い、ドナー国による「SSR」支援の指針を提供しようとした。二〇〇四年には『治安システム改革と統治』を公刊し、開発援助の視点から見た「SSR」の理解について整理を試みた。「人間の安全保障（human security）」概念にも言及しつつ、広く解釈された安全保障が開発の基盤となることを強調した。また、「SSR」における制度的改革の側面を重要視し、政府一体の取り組み（whole of government approach）」の必要性も、繰り返し強調した。現地社会のオーナーシップも「SSR」に不可欠な要素だとされ、さらには市民社会の役割も軽視されてはならないとされた。

二〇〇七年のOECD‐DACの『SSRハンドブック』は、さらに開発援助分野における「SSR」をめぐる理論と実践の発展を目指した試みの成果である。DACにとって「SSR」の目的とは、「基礎的な安全保障と司法サービスの提供」、「効果的な統治・監督・説明責任システムの確立」、「治安維持システムの能力と技術的必要性を検討する改革過程における現地リーダーシップとオーナーシップの発展」である。ＤＡＣの議論においては、現地社会のオーナーシップ、あるいは政府一体の取り組みといった概念が、ＳＳＲ実施にあたっての原則的指針として強調された。

このように開発援助の分野で「治安システム改革」と言いかえられた「ＳＳＲ」は、治安維持／安全保障と開発の連動、政府諸機関・諸部門の総合的連携、ドナーとパートナー政府の協同、政府機関と市民社会の協力といった、総合的・包括的・統合的な視点を強調する。法の支配や民主化といった価値規範が「ＳＳＲ」の総合的統制の原理として言及され、それらの実現の度合いによって「ＳＳＲ」の真の達成度が図られるという議論の枠組みが設定される。

このような開発援助分野における「ＳＳＲ」をシステムの問題として捉えようとする動きは、「ＳＳＲ」実施の問題を多様な国連機関間の調整統合の問題とみなす傾向をもたらした。二〇〇八年に公表された国連事務総長報告書『平和と開発を確保する』は、まさに安全保障分野で語られる「ＳＳＲ」と開発分野で語られる「ＳＳＲ」とを統合する意図を持つものであった。この報告書によれば、「全体的で一貫性のある国連のＳＳＲへのアプローチ」のためには、専門性に応じて「ＳＳＲ」に関与する機関、つまり政務局（ＤＰ

A）、平和維持活動局（DPKO）、平和構築支援事務局（PBSO）、国連人権高等弁務官事務所（OHCHR）、国連開発計画（UNDP）、国連薬物犯罪事務所（UNODC）などの調整・統合が必要である。

それでは包括的な視点で、各機関が円滑に協力・調整しさえすれば、「SSR」は成功し、平和構築は成功していくのだろうか。もちろん確かに、技術的な問題としてのみ「SSR」を捉えるのであれば、各機関が行う「SSR」関連活動を、調整し、統合することは重要であろう。しかしそれは、「SSR」が平和構築活動それ自体の成功を約束することまでも意味しない。包括的な視点や調整といったものは、決して常に客観的かつ中立的に標準モデル化できるものではない。

†「SSR」がつくる平和

「SSR」もまた紛争後社会の平和構築という大きなパズルの一つのピースにすぎない。治安維持という人々の日常生活の根幹部分に関わる問題を、大きな政治作業としての平和構築活動の中において扱うのが、「SSR」である。そして軍事介入後あるいは平和維持活動の展開後に行われる「SSR」とは、あくまでも軍事介入あるいは平和維持活動によって現地社会が大きく影響されてしまった後に行われる「SSR」であり、他の動きと切り離されて独立したものとして実施されるような「ＳＳＲ」のことではない。「ＤＤＲ」の場合と同様に、「ＳＳＲ」について問うことは、治安維持・安全保障という国家の存在基盤に関わる領域で、国際的な平和構築活動がどのように関わっていくべきなのかという根源的な問いを発することである。

アフガニスタンの例を見てみよう。二〇〇一年の「ボン合意」の履行過程が終了した後の二〇〇六年一月に、「成功の土台の上に」という題名のついた国際会議が、ロンドンで開催された。言うまでもなく、「ボン・プロセス」が成功裏に終了した後のアフガニスタンの再建の道筋について、あらためて確認をすることが目的であった。会議の成果は、『アフガニスタン協定』という題名の文書にまとめられた。そこで特筆された三つの優先分野とは、「治安」「統治・法の支配・人権」「経済・社会開発」であった。

治安部門に関して言えば、ＮＡＴＯ主導のＩＳＡＦ（International Security Assistance Force）、米国主導のＯＥＦ（Operation Enduring Freedom）、およびその他の国際社会の支援が引き続き「ＳＳＲ」分野に提供されることが確認され、アフガニスタン国軍（ＡＮＡ：Afghanistan National Army）やアフガニスタン国家警察（ＡＮＰ：Afghanistan National Police）の拡充が謳われた。

実態の伴わない軍隊と警察の拡大は、かえって組織の腐敗・弱体化につながる、という批判は早くからなされていた。いたずらに増員の数値目標だけを定めてその達成に躍起になることは、質の伴わない治安組織をつくりあげるだけでなく、資質のないものを治安組織内部に入れ込んでしまうということに、世界の誰も懸念を持っていなかったわけではない。だがいずれにせよ、ISAFとOEFの規模縮小を念頭に置いた政策決定として、治安部門を国軍と国家警察に委ねる方向性が目指されることになったのである。

この例は、軍事介入した諸国が、自らの活動の縮小を念頭に置いて、現地の「SSR」に影響を与えた典型例であったと言える。二〇一三年現在の視点から見れば、この『アフガニスタン協定』の内容は、実現しないものばかりであった。『アフガニスタン協定』の含意は、新しいアフガニスタンの再建という課題を実現するにあたって、ある種の協約関係を結んでおく必要がある、というものであった。だがいったい誰と誰が協定を結ぶのだろうか。

もし『アフガニスタン協定』が一種の「社会契約」を模したものであったとすれば、「協定」はアフガニスタン人相互の間で結ばれなければならず、アフガニスタン政府と人民の間に結ばれなければならなかった。しかし実際の『アフガニスタン協定』は、アフガニスタン政府と国際共同体（international community）なるものとの間に結ばれたのである。『アフガニスタン協定』とは、アフガニスタン社会の規範的基盤を作り出そうとする文書ではなかった。それは単にドナー国が被援助国とともに援助方針をまとめ、被援助国に腐敗などのない有効な援助の活用を約させたものにすぎなかった。

あるいは二〇〇一年のドイツの旧首都の名前を冠した「ボン合意」なるものも、やはり同じようなものだったのだろうか。外部介入者が、支援を実施するにあたって、その指針となる工程表をアフガニスタン人たちにまとめさせたにすぎなかったのだろうか。

悪化する治安状況の中、政府役人の腐敗と、援助成金たちの暗躍に憤っていた一般のアフガニスタン人たちは、ロンドンで結ばれた「アフガニスタンに関するアフガニスタン政府と国際共同体の間の協定」などに、いったいどれほどの意味を見出しただろうか。どれほどの事態の改善への期待感を抱いただろうか。

筆者は、二〇〇五年、二〇〇六年の段階で、日本のODA評価事業のコンサルタントとして、あるいは国連訓練調査研究所の研修ファシリテーターとして、アフガニスタンに赴いたことがある。二回目の渡航の際には、米軍がカブール市内で交通事故を起こした上に、取り囲んだ群衆に発砲するという事件が起こり、怒りの大衆デモが嵐のように吹き荒れる中、ある国際機関の地下室に一晩泊まらせてもらった経験がある。その際に現地の人々と話をしていて感じた危機感を、果たしてロンドンに参集した「ドナー」たちは、どれだけ共有していたのだろうか。ロンドンの「ドナー」たちは、世界最貧国の被援助国の行政官たちに、援助を大切なものとして使うように指導するのに躍起になっていたのだろう。そして、「政府と国際共同体の間のアフガニスタン協定」を、ヨーロッパの片隅で作成することが平和構築への道だと考えたのだろう。だが、現在に至るまで、その成果は芳しくない。

「SSR」を遂行する理論的意味は、社会構成員一人ひとりの安全を確保するという、政府に課せられた社会契約上の第一の義務を遂行するためである。人民なき社会契約などは、近代国家形成を模倣しているかのように見せかけながら、実は理論的には混乱した行為である。国際社会の側が率先して現地政府を外国からの援助対応に忙殺させ、巨額の資金で一部の人々を狂乱させて現地社会の仕組みを変えてしまうという悪弊が、アフガニスタンに限らず、世界の多くの地域で繰り返されている。

治安部門という国家存立の基盤に関わる活動分野に関して、実は外部介入者は中途半端な関与しかすることがない。「ドナー」の威信を振りかざして、単なる治安維持の技術論を教授することに終始するならば、やがて深刻な危機が訪れるだろう。世界の「紛争ベルト地帯」で「SSR」が求められるのは、治安維持を中核とする国家建設の機能が、未熟なままにとどまっているからだと言える。

「SSR」とは、単なる技術論で語りつくせるものではない。それは国家の機能の中枢部分に関わる政策であり、本質的に政治的な活動である。

第4章 犯罪処罰は平和をつくるのか？——法律部門の平和構築

現代の平和構築活動では、「法の支配（Rule of Law）」が一つのキーワードになっている。たとえば国連で平和活動の現場の活動を担う平和維持活動局では、軍事部門、警察部門、評価部門などと並んで、法の支配・治安制度部門、というものがある。これは紛争（後）社会での「文民」の活動の中心は、「法の支配」を確立するために尽力する者たちだという考え方を示していると言ってよい。前章で論じた治安維持に関する平和構築活動は、「法の支配」の観点からは、法律分野の活動と一体のものとして進められる。法律の裏付けなき警察活動はありえない。法律こそが、社会を基礎づけているものである。

これに伴って過去二〇年間の国際社会では、飛躍的に「法の支配」に関する分野の制度や活動が拡大した。法律に関する国際平和活動は、冷戦終焉後の質・量の両面で変転を遂げた国際平和活動を典型的に象徴する分野の一つである。これは、国際社会をどう見るか、という人々の考え方にまで決定的な影響を及ぼしている巨大な動きである。法の支配をめぐる活動は、国際社会の全域に適用される「規範」体系、つまりルールの仕組みに、大きく関わっている。どのルールが、どのようなときに適用されるのか、という問題は、当然のことながら、人々の生活を大きく左右する問題である。

本章では、国際社会の規範的な枠組みがどのように変遷を遂げてきているのかを確認する。その後、犯罪処罰に関わる戦争犯罪法廷などに注目しながら、法律の分野から平和構築に貢献している代表的な制度を見ていくことにする。その上で、本章は、平和構築の「法の支配」アプローチが抱えている諸課題やジレンマを描き出し、将来への展望を提示することを試みる。

1 法の支配による社会秩序

†国際社会の法規範の変化

過去二〇年ほどの間の国際社会の構造的な変化を物語るのは、なんといってもその全体構造や運用方法を定めている法規範の変化または進展だろう。国際社会を動かしているルールが変わるということは、国際社会の仕組みが変わることだと言ってよい。

もちろん国際社会のルールが過去二〇年間の間に一挙に変わった、ということではない。前の世紀から継続して国際法は存続しているし、依然として国際社会の主要な構成単位は国家と呼ばれている。グローバル化の進展によって国家が死滅して、何か革命的に全く新しい国際社会が出現するといった事態は発生していない。ただし、むしろ意外な形で、大きな変化がはっきりと起こっている場合もある。

　国連憲章七章の発動が、その端的な例だろう。冷戦時代を通じて、強制措置を伴う国連憲章七章が発動されたことは、ほとんどなかった。特に四二条の軍事的手段による強制措置については、冷戦体制下では現実に実行されうるものだとは考えられていなかった。それが冷戦終焉を象徴するかのように発生した一九九一年の湾岸戦争の際に、変化が起こった。国連軍を形成しなくても、安保理が憲章七章を発動し、何者かが軍事的な強制措置をとることが可能であることが判明したからである。

　もっとも、冷戦終焉後の最初の国連事務総長であるブトロス・ブトロス＝ガリが一九九二年の『平和への課題』で唱えた「平和執行」の概念は、今日では消滅している。一九九三年にソマリアで一八人の海兵隊員が死亡してアメリカが「平和執行」に疑義を唱えるようになり、ブトロス＝ガリもアメリカの拒否権によって事務総長への再任を阻まれて以来、「平和執行」の概念はタブーとなった。しかしその一方で、「平和執行」という言葉が用いられることなく、憲章七章は発動され続けている。過去二〇年あまりの間に、憲章七章の意味、そして運用方法が、大きく変わったのである。

　前章で紹介した「保護する責任（R2P）」や「文民の保護（PoC）」の考え方は、「平和執行」ではない憲章七章の発動を前提にしている。強制的に平和を作り出すために軍事力を用いるのではなく、保護すべき無辜《むこ》の人々を危急の事態から救うために軍事力を用いるのである。「保護」のためであれば軍事力の使用が許されるというのが、二一世紀国際社会のドクトリンである。

「国際の平和と安全に対する脅威」に対抗するという国連憲章七章の実際の文言からすれば、平和のために軍事力を用いるほうが、趣旨に合致している。しかし平和執行という考え方が拒絶され、国際人道法の権威が高まり続ける中、平和執行ではなく、文民保護のために憲章七章を使用するという方法が、慣習的に定まってきたのである。

いつ憲章七章を発動することが許されるか、という問いへの対応が変化してきている様子は、国際社会の価値規範の変化を物語っている。古い国際社会のイメージにしたがって、国際社会に存在するのは国家だけであると仮定したならば、人間個々人の尊厳の保護という価値規範は、国内法規範の重要原則ではあっても、国家だけが存在する国際社会の原則にはなりえない。しかし今日の国際社会では、国内社会と国際社会とを切り分けるのではなく、両者を貫徹する普遍的な価値規範を強調する傾向が強い。冷戦終焉とともに、国際社会を普遍的に統一されたものとみなしたい政治的動機が強まったからである。

国内社会と国際社会を並立する二つの別個の社会と考えた上で、前者のような秩序があるかないかで後者の秩序を評価するような態度は、ヘドリー・ブルによれば、「国内的類推（domestic analogy）」と呼ぶべきものである。これはつまり、国際社会における国家は、国内社会における自然人と類似している、という発想に依拠して、国際社会を理解する態度を指す。その上で国内社会とは異なって、国際社会がアナーキー＝無政府状態にあることを嘆くのである。

しかし、ひとたび「国内的類推」を拒絶するならば、国内社会と比較する必要がない、全く異なる社会としての国際社会の姿が見えてくる。今日では、その異なる社会である国際社会が、価値規範においては共通の人権にもとづく法規範を、国内社会と共有する仕組みが顕著になってきている。筆者は、こうした現象を「新しい国際立憲主義」と呼んできている。

古い「国際立憲主義」は、近代的な擬人観に依拠したものであった。つまり国際社会における国家が、国内社会における自然人と類似しているという発想法に依拠しながら、国家を律する世界憲法にあたるものを国際社会で導入することを試みるのが、二〇世紀初頭の「国際立憲主義」であった。これに対して二〇世紀末に現れてきたのは、「新しい国際立憲主義」である。それは擬人的な国内的類推に依拠した発想ではなく、国内社会と共通の価値規範を国際社会でも直接適用することを特徴とする。今日の国際社会の法規範意識の変化を物語るのは、この「新しい国際立憲主義」である。

†国際人道法の卓越的地位

こうした法規範意識の変化を受けて、現代の国際社会において卓越的な地位を得るようになった法体系は、国際人道法である。国際人道法とは、もともとは戦時国際法と呼ばれたもので、一九世紀に成立した「陸戦法規慣例」などから成る長い歴史を持つ法体系である。

ただし国際人道法は、日本人にはあまり馴染みがない法体系であろう。専門家の数も少ない。なぜか。日本は戦争をしない国なので、戦時国際法の必要性は低いという考え方が、第二次世界大戦以降に広まったからである。しかしこれは極めて内向きの考え方であることは間違いない。日本は戦争をする国ではないからといって、国際人道法を軽視するのであれば、日本人が国際社会で活躍する可能性を狭めてしまう。国際貢献の観点からは、本末転倒であろう。

国際人道法の考え方は極めて単純だが、それだけに国際社会の仕組みを規定する原則を表現している。国際人道法は、武力行使の違法性については、一切語らない。国際人道法にとって、戦争とは、違法であれ合法であれ、そこに存在するものである。

戦争とは今現実に起こっているもののことだ、という理解は、第二次世界大戦以降の日本人には慣れない考え方だ。日本人は、戦争がない時代に慣れすぎてしまっている。また、総力戦であった第二次世界大戦時の記憶から、戦争が始まってしまえば、法規範などは無関係な代物になる、と考えてしまいがちである。

しかし全く逆の発想法にもとづいて成立しているのが国際人道法であり、それこそが現代国際社会の基準である。つまり、現実に戦争は存在する、という認識を出発点としながら、戦争状態においてもなお「法の支配」を貫徹させる考え方を貫こうとするのが、国際人道法の考え方であり、現代国際社会の標準的な考え方である。戦争はしたくない、しかし起こってしまったら世界の終わりだ、起こった後では法律だろうが何も存在しないのと同じだ、という発想は、国際社会で活躍する者が採用する発想ではない。常に戦争が起こっているのが現実の世界であり、その状況の中で何ができるかを考えるのが、国際社会に生きるということである。

国際人道法は二つの原則を標榜する。第一は、不必要な苦痛の回避であり、第二には、戦闘員（軍人）と非戦闘員（文民）の区別（軍事目標主義）である。いずれの原則も、戦争のただ一つの目的は、相手の軍事力の削減にある、という考え方に依拠している。そのため、その目的と無関係に行われる残虐行為は、違法とみなされる。つまり、戦争の目的とは無関係に不必要な苦痛を与える兵器だとされる毒ガス兵器や化学兵器は、国際人道法の考え方にそって、違法だとみなされる。また、敵方の社会に恐怖心を植え付けることを目的にして、軍人ではない文民を攻撃したり、軍事的には価値のないものを標的にして攻撃を加えたりすることは、国際人道法の考え方にそって、違法だとみなされる。

このような国際人道法の考え方は、ある特定の立場の哲学にのっとっている。クラウゼヴィッツのように、「戦争とは別の手段による政治」にすぎないと考えるならば、国際人道法によって違法とされる行為であっても、戦時中には合理的な意味があるかもしれない。クラウゼヴィッツは普仏戦争を具体例にした論述の中で、「目標はパリ」が原則であったことを強調し、個別的な戦場の行方に注意をそらされないことが戦略的発想につながったことを説明した。軍事的目標があふれる戦場ではなく、パリという軍人のいない政治的中心地こそが戦争の高次の目標物であったことを指摘したのである。

こうした政治的事情を優越させて軍事戦略を考える仕方は、必ずしも国際人道法が依拠する哲学と同一ではない。国際人道法は、軍事力は、相手の軍事力に対抗するためだけに用いられるものだと命じる。

戦争を政治の一部と考えることは、ある意味では軍事力の行使に政治的な合理性をかけることにつながる。いわゆる「文民統制＝シビリアン・コントロール」の考え方は、この期待の上に成立している。健全な政治統制が働いていれば、軍事目標主義はいくぶん修正されても、自動的には国際人道法違反にまでは発展しない。しかし場合によっては、政治の道具と化した軍事力は、歪《いびつ》な政治的目標のために使われてしまうかもしれない。民族浄化を目的とした虐殺行為に軍事力が用いられるような状況は、軍事力の極めて歪な政治利用の典型的な例である。

国際人道法は、歪な軍事力の使用を違法とする。それはどのような政治的目的によっても正当化されないということを原則化することによって、国際社会に一つの考え方を貫徹させる。戦争は存在する、ただし文民は攻撃してはならない、という考え方である。この考え方こそが、二一世紀の国際社会が一大原則として掲げているものである。そして実は、ここにこそ日本人が国際人道法に馴染んでこなかった大きな理由がある。

戦後の日本人は、戦争を否定することが平和への道であると信じてきた。文民は攻撃されてはならないのだとすれば、戦争をなくすしかない、戦争は存在してはならない、という考え方が典型的な戦後の日本社会の価値観である。しかしそれは、国際人道法の考え方と必ずしも全く同じではない。

国際人道法の中核を占める一九四九年ジュネーブ諸条約では、四つの条約に共通して取り入れられている第三条において、紛争当事者が敵対行為に直接参加しない者を人道的に待遇する義務が定められている。より具体的には、「生命及び身体に対する暴行、特にあらゆる種類の殺人・傷害・虐待及び拷問・人質、個人の尊厳に対する侵害、特に侮辱的で体面を汚す待遇、正規に構成された裁判所で文明国民が不可欠と認める全ての裁判上の保障を与えるものの裁判によらない判決の言渡及び刑の執行」が、いかなる場合にも守らなければならない禁止条項として定められている。このいわゆる一九四九年ジュネーブ条約共通第三条は、今日の国際法において慣習法としての普遍的地位を認められている。

一九七七年ジュネーブ諸条約追加議定書は、国際人道法の適用範囲を内戦に広げるのに貢献した。そもそも第二次世界大戦後のドイツのニュルンベルク裁判と日本の極東軍事裁判（東京裁判）では、戦前の国際社会では必ずしも慣習法としての地位は認められていなかった「人道に対する罪」が適用された。ただしそれは第二次世界大戦後の枢軸国指導者層に対する処罰という特異な環境の中で適用された法規範だと考えられた。しかし冷戦終焉後の世界が、世界共通の価値規範の確立を求めたとき、戦時においても人間の尊厳の保護を謳う国際人道法の思想が、さらにいっそう大きく注目されていくことになったのである。

一九世紀の古典的な国際人道法の礎となった一八九九年および一九〇七年のハーグ平和会議で成立した陸戦法規慣例には、「マルテンス条項」と呼ばれる有名な包括的条項がある。マルテンス条項によれば、明示的な罰則規定がないように見える場合であっても、戦争中の行為は、「確立された慣習、人道の諸原則及び公共の良心に由来する国際法の原則にもとづく保護並びにこのような国際法の原則の支配の下に置かれる」ため、原則に反する場合には、違法とみなされなければならない。つまりこの「マルテンス条項」は、自然法に近い一般原則が存在し、それは明示的な条文がない場合にも適用される、という考え方を宣言しているわけである。

人道の諸原則は、人間の尊厳それ自体に由来する。したがって普遍的に適用されなければならない。この考え方は、世界共通の価値規範の存在を示すものとして、冷戦終焉後の国際社会において歓迎されたのであった。

戦争後の社会に新しい秩序の確立をもたらす活動である平和構築は、国際人道法のような普遍的法規範を必要としている。なぜならそのような普遍的法規範の存在によって、価値規範が混乱した社会にあってもなお基盤とすべき根本規範があることを主張できるからである。つまり、社会秩序回復のための様々な活動の共通の指針があることを主張できるからである。

†国際人権法の活用

今日の国際社会において、国際人道法と並んで重要な規範的権威を持っている法体系は、国際人権法であろう。国際人権法は、戦時国際法である国際人道法ほどには劇的な危機の中で適用されるわけではないかもしれない。ただしその分、扱う問題領域が広いので、「人権」という一つの専門領域から包括的な物ごとの捉え方ができるという利点がある。「人権」の専門家であるということは、民族浄化、人種差別、ジェンダー問題、難民の権利、子どもの権利、拷問の禁止、といった極めて広い領域を扱うことができる専門家だと考えることができる。

平和構築にとって特に重要なのは、いわゆる一九六六年自由権規約（市民的及び政治的権利に関する国際規約）の第四条で定められている「国民の生存を脅かす公の緊急事態に際しても逸脱が許されない条項」であろう。国際人権法は、「公の緊急事態」に際しては、公的権威を持つ政府機関などが、人権法上はとるべき適正手続きを省略化させたりすることがやむを得ないと判断される可能性を認めている。

しかし全ての人権法規範が反故《ほご》にされうるというわけではない。自由権規約第四条によれば、生命に対する権利および死刑・拷問または残虐な刑の禁止、奴隷の禁止、契約不履行による拘禁、遡及処罰の禁止、人として認められる権利、思想・良心および宗教の自由などは、いかなる場合であっても決して侵害してはいけない人権規範である。もしこれらの権利が侵害されれば、人権を根本規範としているような社会においては、秩序の崩壊が危惧されることになるのである。

まずこれらの逸脱不可能な人権規範は、国際人道法の中核規定の場合と同様に、武力紛争の発生時においても、やはり絶対的に尊重されなければならない規範であると考えることができる。ではなぜ、数ある人権規範の中でも、これらの自由権規約第四条に定められた事柄だけが絶対的に逸脱不可能だとされるのかと言えば、それらがあらゆる法規範の根本的な基礎を形成する人間の尊厳の保護を求めているからである。

人間が社会を構成する基礎であり、人間が社会をつくっている者なのだという思想、そして人間が自分自身を守る自然権こそが最も根源的な法規範であるという自然法的な思想が、逸脱不可能な人権規範の考え方の背景にある。そしてこのような思想こそが、世界には根源的な規範が存在するという信念を意味する「法の支配」あるいは「立憲主義」を表現するものである。

社会秩序の崩壊としての武力紛争は、「法の支配」が崩れた状態であると理解することは可能である。したがって紛争後の平和構築とは、「法の支配」を再建する活動だということになる。すでに見たように、現代世界の紛争後社会においては、統治システムの腐敗が、社会秩序の崩壊につながっていると洞察されることが多い。そこでいっそう「法の支配」の確立が、平和構築の成功のカギだとみなされることになる。そしてその際に、国際人道法とならんで、「法の支配」あるいは「立憲主義」の思想的基盤を表現する国際人権法が、重要な法規範であるとみなされることになる。

国際人権法の分野において、極めて劇的に、哲学的な洞察と、具体的な活動とが、不可分一体のものとして立ち現れてくることになる。人権の専門家と言えば、いくぶん政治色がかかった理論派の人物を想像するだろう。人権という問題の性格を考えれば、その想像は決して間違いではないだろう。しかしそうした理論的な実務家たちが、大量に動員されて行われているのが、現代の平和構築活動である。

人権の専門家たちは、国連等の国際機関の平和維持活動ミッションの人権部門職員として、開発援助機関の行政府支援プロジェクトの人権問題アドバイザーとして、人道援助機関の法的保護官として、二国間援助機関の人権関係組織支援の専門家として、いたるところで様々な形で平和構築に貢献している。それはなぜかと言えば、人権という問題領域が、最も根源的な規範体系を表現していると考えられているからであり、人権の専門家はあらゆる場面で規範的要素を基礎づけるために必要とされるからなのである。

2 戦争犯罪法廷という制度

†裁判所という強制措置

過去二〇年間の間に起こった国際法規範の変質を、制度面で象徴しているものの一つが、国際戦争犯罪法廷であろう（表2参照）。第二次世界大戦後の敗戦国戦争指導者に対するニュルンベルク裁判と東京裁判の例外を除いて、一九九〇年代になるまで、制度としての国際戦争犯罪法廷は、冷戦構造の中では存在しえなかった。国際社会の強制力を背景にして、ある国の政治指導者を、犯罪者として訴追し、あるいは逮捕し、処罰までしてしまうという制度を設立することは、勝者が圧倒的な力で敗者を裁いたりするような環境以外には、想像することができなかったのである。

そのため日本人は、戦争犯罪の問題について、複雑なまなざしを向けてきた。大多数の国民が、東京裁判で裁かれた第二次世界大戦の戦争指導者たちに、特別な同情心を持ってきたわけではないだろう。ただし何らかの形で戦争犯罪に加担しているとみなされて公職追放にあった人々やその親族たちは、戦争犯罪者たちが必ずしも日本社会の敵ではなかったという社会的見方を作り出すのに貢献してきた。むしろそうした人々は、戦後の日本の国家体制エリート層にとどまり続け、日本の戦争犯罪者が、ドイツにおけるヒトラーのような狂気の異常者とは異なる、という理解を醸成するのに貢献した。公職追放の対象になりながら、のちに総理大臣となった岸信介や、その孫にあたる安倍晋三は、こうしたエリートの典型例であろう。

もし東京裁判で裁かれた者たちが、必ずしも邪悪な者たちではなかったとすれば、彼らはいったい誰であり、なぜ裁かれたのだろうか。結局のところ、彼らは戦争中の国家指導者であったのだ、そして日本という国家は戦争に負けたのだ、そのため敗戦国の指導者たちは、勝者によって裁かれて罰せられたのだ。

こうした見解は、日本国内では意外に流通性を持っている。戦争とは残酷無比なものであり、勝者と敗者を作り出す。そして勝者が敗者を裁いたのが東京裁判であり、それだけにすぎず、裁判をして勝者が敗者を裁くのも、そのような手続き的措置をとらずに勝者が敗者を意のままにするのも、基本的には大差がない——、そんな見解が述べられることが、日本国内ではしばしばあるように思える。悪いのは戦争であり、戦争とは法規範の及ばない地獄のことだ、という考え方が、典型的な第二次世界大戦後の日本人の発想を決めてい

名称	対象	設立年	設立根拠	国際的性格
	法の違反（14歳以下の女性の虐待、女性の非道徳的な誘拐、住居および公共の建物等の放火）。			
国際刑事裁判所（International Criminal Court: ICC）	2002年7月1日以降に発生した（1）ジェノサイド（2）人道に対する罪（3）戦争犯罪（4）侵略犯罪（2010年に挿入。管轄権の行使は本改正条項を30か国が批准してから1年後、もしくは2017年1月1日以降に行われる締約国会議の決定に基づく）。	2002	多国間条約	国際機関
カンボジア特別法廷（Extraordinary Chambers in the Courts of Cambodia: ECCC）	1975年4月17日から1979年1月6日の間にカンボジア国内で発生した（1）1956年カンボジア刑法に規定された殺人、拷問、宗教的迫害（2）ジェノサイド（3）人道に対する罪（4）1949年ジュネーブ諸条約の重大な違反（5）1954年ハーグ条約に基づく文化的財産に対する破壊行為（6）ウィーン領事関係条約に基づいて国際的に保護された個人に対する犯罪。	2003	国連とカンボジア政府間の合意	国際・国内混合型法廷
レバノン特別法廷（Special Tribunal for Lebanon: STL）	（1）2005年2月14日に発生したラフィーク・ハリーリ元レバノン首相の死亡およびその他の者の死亡・負傷の結果につながった襲撃（2）2004年10月1日から2005年12月12日の間に（1）と同程度の深刻さを持つと法廷が判断した襲撃（2005年12月12日以降であっても当事者および国連安全保障理事会の同意があれば法廷の管轄権の範囲に含まれる）。	2007	国連とレバノン政府間の合意（合意の効力発生は国連安全保障理事会決議〔国連憲章7章〕に基づく）	国際・国内混合型法廷

（篠田英朗と太清伸が作成）

表2　国際的な戦争犯罪法廷

名称	対象	設立年	設立根拠	国際的性格
旧ユーゴスラビア国際刑事法廷（International Criminal Tribunal for Former Yugoslavia: ICTY）	1991年1月1日以降に旧ユーゴスラビア社会主義連邦共和国内地域で発生した（1）1949年ジュネーブ諸条約の重大な違反、（2）戦争の法規・慣例の違反、（3）ジェノサイド、（4）人道に対する罪。	1993	国連安全保障理事会決議（国連憲章7章）	国連機関
ルワンダ国際刑事法廷（International Criminal Tribunal for Rwanda: ICTR）	1994年1月1日から同年12月31日の間にルワンダ国内、またはルワンダ人によってルワンダ隣国で行われた（1）ジェノサイド（2）人道に対する罪（3）1949年ジュネーブ諸条約共通第三条、第二追加議定書の重大な違反。	1994	国連安全保障理事会決議（国連憲章7章）	国連機関
重大犯罪パネル（東ティモール）（Serious Crimes Unit）	1999年1月1日から、同年10月25日の間に東ティモール国内で発生した、または、東ティモール人が実行者もしくは被害者となった（1）ジェノサイド（2）戦争犯罪（3）人道に対する罪（4）殺人（5）性犯罪（6）拷問。	2000	国連東ティモール暫定行政機構(UNTAET)規則(2000/11)なお立法・法の執行は国連安全保障理事会決議によって授権（国連憲章7章）	国連暫定統治下のディリ地方裁判所内に設置
コソボパネル（Regulation 64 Panels）	国連暫定統治下で適用されるコソボ刑事法違反。	2000	国連コソボ暫定行政ミッション（UNMIK）規則	コソボ国内裁判所内に設置
シエラレオネ特別法廷（Special Court for Sierra Leone: SCSL）	1996年11月30日以降にシエラレオネ国内で発生した（1）人道に対する罪（2）1949年ジュネーブ諸条約共通第三条、第二追加議定書の重大な違反（3）その他の国際人道法の重大な違反（文民を故意に標的にした攻撃、国連憲章に基づいた人道支援または平和維持ミッションを故意に標的にした攻撃、15歳未満の子どもの徴募・徴兵）（4）特定のシエラレオネ	2002	国連とシエラレオネ政府間の合意	国際・国内混合型法廷

るように思われる。

「戦前の日本」とは、「連合国」＝「国際連合」（united nations）の「敵」（たとえば国連憲章第五三条、第七七条、第一〇七条）であり、日本が国際社会で復権を果たすためには、国際的には肯定してはいけないものとなった。しかし日本の歴史の完全な否定は、特に日本のために奉仕した祖先の否定は、国家としての日本の自己否定につながりかねないため、避けるべきである。一言でいえば、日本は戦争に負けたということであり、それ以上でもそれ以下でもない……。こうした気分が、日本国内にあるように思われる。

「戦前の日本」の否定と、「戦前の日本人」の肯定は、第二次世界大戦後の日本人が格闘してきた問題の本質であろう。このような問題設定は、国際的には受け入れられないだろうし、実際に日本が公式にそのような問題を提示することもない。しかし日本国内で日本人同士が議論をするのであれば、「戦前の日本」を相対化しつつ、「戦前の日本人」を擁護あるいは美化するという態度は、政治討論からアニメ映画に至るまで、よく見られるものである。そこには、矛盾と葛藤が潜んでいる。しかしそれは全て、戦争に負けた、という事実が示されるだけで説明に代えられる。敗戦国としてのアイデンティティに依拠した論理と心情は、戦後の日本人に強烈に訴えるものである。

複雑な日本人の戦争犯罪問題に対する心情は、現代世界の戦争犯罪問題に対する日本の明瞭ではない態度にも表れている。本来であれば、特に憲法九条にふれる可能性があるわけでもない法律分野を通じた平和構築への貢献は、日本人の活躍の場であってしかるべきであった。しかし実際には、この分野で働いている日本人の数は多くない。

それはたとえば戦争犯罪問題が、日本国内では政治的に繊細な問題として扱われてきたという事情の反映でもあるだろう。力を保持する者による国際秩序の確立という作業に、何ら道義的な矛盾を感じない者、たとえば戦争に勝利してファシズムの脅威から世界を守ったと誇る人々にとっては、戦争犯罪の問題とは、国際正義と国際秩序の双方が明確に結びついた重要領域である。つまり勝者の側に立ってみれば、勝者が敗者を罰して国際秩序を確立することは、何ら良心の呵責《かしやく》を感じるべきことではないのは当然であり、永続的な平和のために純粋に必要とされる活動だと信じることも当然なのである。

冷戦終焉後の世界においても、勝者が敗者を裁くという構図自体は、相当程度に存在した。一九九三年に憲章七章の強制措置の権威を振りかざして国連安全保障理事会が「旧ユーゴスラビア国際刑事法廷」を設立できたのは、国際社会の構成員の大多数が、残虐な者たちを裁くという点では団結していたからだろう。また、一九九四年にやはり憲章七章の強制措置の権威によって国連安保理が「ルワンダ国際刑事法廷（International Criminal Tribunal for Rwanda：ＩＣＴＲ）」を設立できたのもまた、ジェノサイドの責任者たちを処罰するという点で、国際社会が団結していると考えることができたからだろう。国際社会の主流を形成する勢力が、自らを法の番人の立場に置きながら、武力紛争下の社会で暗躍する犯罪者たちを裁こうとした試みが、ＩＣＴＹやＩＣＴＲであった。

ＩＣＴＹが設立された一九九三年頃、ヨーロッパ人たちは冷戦の終焉がヨーロッパに紛争を引き起こしたことに、衝撃を受けていた。特に、ドイツをはじめとする諸国が率先してスロベニアやクロアチアを旧ユーゴスラビアから分離独立した国家として承認してしまったことが、ボスニア・ヘルツェゴビナの内戦の引き金になったことに、狼狽していた。ヨーロッパには新しい安定的な秩序がもたらされるのではないか、という思いに多くの人々がかられていた。冷戦後のヨーロッパは繁栄を享受するはずだという期待が、ボスニアで戦争を引き起こして蛮行をはたらいている少数の邪悪な者たちを捕まえて処罰する必要性を、強く感じさせた。そこで安全保障理事会の強制措置として国際的な戦争犯罪法廷を作り出すという奇抜なアイディアが現実のものとなり、その後の二〇年間にわたって莫大な資金と人員を動員する制度の誕生を導き出したのである。

ＩＣＴＲの場合には、ＩＣＴＹの設立の翌年にルワンダにおいて大虐殺＝ジェノサイドが発生したという事実に依拠している。安全保障理事会の議論を主導していた者たちは、当初はルワンダで一九九四年四月以降に起こったことを直視することに慎重であった。しかし虐殺の首謀者であるルワンダの旧政権側の人々が戦争に敗れて反政府勢力側が政権を握ったということが明らかになり、ジェノサイドの発生が一つの確固たる歴史となったことが明白になったとき、アフリカの問題を軽視しているという批判を恐れた人々は、ICTYの例にならって、戦争犯罪人たちを捕まえて罰するための戦争犯罪法廷を作らざるをえなかったのである。

ICTYとICTRという画期的な国際刑事法廷が、「国際の平和と安全に対する脅威」の認定によって発動される憲章七章の権威によって生み出されたものであることは、当時の特有の時代の雰囲気を物語る。司法手段による介入は、平和に役立つという論理構成が、そこにはある。司法活動は平和的なものだ、というような漠然とした論理ではない。強制措置として司法活動を通じた介入を行うことが、より積極的に平和な社会を作り出すための政策的手段だという認識が、そこにはあった。強制的に犯罪者を除去することによって、そして潜在的犯罪者に処罰の威嚇をすることによって、平和はよりよく達成される、という考え方がそこにはあった。それによって初めて、ICTYとICTRは正当化されうるものになったのである。

ICTYやICTRのようなあからさまな国際介入の場合、外国人職員が現地司法制度とは切り離された形で職務にあたるわけなので、現地社会の司法制度改革につながるような要素は、ほとんどない。むしろより強調されるのは、戦争犯罪を不処罰にしないことの社会文化への影響である。つまり犯罪者が不処罰のまま生活し続けることがあってはならず、犯罪者を犯罪者として裁いて処罰することは、社会秩序の安定にとって不可欠であり、つまり平和につながる、という考え方が、平和のための強制措置としての二つの国際戦争犯罪法廷を可能にした。

設立から二〇年がたち、ＩＣＴＹとＩＣＴＲを取り巻く環境にも紆余曲折があった。設立から一〇年がたった頃には、両者は、目に見えた成果を出すこともなく法律的手続き論を繰り返して時間を費やし、高学歴の職員たちを雇用するために膨大な予算を請求する機関として、批判されるようになった。

設立から一〇年がたった二〇〇四年に当時の国連事務総長コフィ・アナンが提出した「移行期の正義」に関する報告書によれば、ＩＣＴＹとＩＣＴＲは、現地社会の能力強化のための戦略を欠いた古い時代の型の戦争犯罪法廷として扱われた。「移行期の正義」の成否は、現地社会に健全な法制度を樹立することに貢献できるか、現地社会に法の支配を根付かせる能力を持った人々を育成することに貢献できるか、などによって決定される。アナンは、二つの戦争犯罪法廷が成果なく資金をむさぼり続けているという多くの加盟国の批判に賛同し、事実上できる限り早期の活動終了を指示したのであった。

しかし今日ICTYは、一六一名の訴追者の全員の逮捕を達成し、その中にはすでに獄死したミロシェビッチ元セルビア大統領だけでなく、カラジッチ、ムラジッチといった「大物」の戦争指導者が含まれている。このような事態の展開の背景には、セルビア共和国政府がICTYへの協力方針を実行に移したことがあり、ヨーロッパ諸国がセルビアをEUに迎え入れる見込みをちらつかせながら、圧力を加えていったことがあった。そして強制措置としてのICTYは成果をあげ、ヨーロッパに一つの法秩序を貫き通す方向性を堅持できたのである。

ICTRのほうは、九三件の訴追に関して、今日までに手続きを終了させている。そのうち九名の被疑者が逮捕されていないが、六名についてはルワンダの国内司法機関への権限の移管が決められている。残りの三名については、ICTYの残務処理にもあたる国際刑事裁判所メカニズム（Mechanism for International Criminal Tribunals：MICT）が引き続き管轄することになる。ルワンダ国内の政情が二〇年間のうちに安定したことを受けて、政治的性格の強い限られた数の大物を除いて、ルワンダ国内司法機関との間で引き継ぎがなされることになったのである。

ICTYとICTRが、現地政府の能力を信頼することによって、ほぼ国際刑事法廷の業務を完遂させようとしていることは、法の支配を通じた平和構築を目指す国際社会の人々にとって大きな意味を持つものとなるだろう。強制措置としての司法介入は、失敗に終わることなく、むしろソフトランディングを果たしてから、役割を終えることになる。ICTYやICTRと類似した制度が今後も設置されるとは決して言えないが、法の支配を目的にした国際介入は、今後も否定されることなく、正の遺産を参照することができるのである。

†混合法廷の試み

ICTYとICTRが出口を見出せずに苦闘していた、二一世紀に入った頃の時代は、国際刑事法廷ではなく、現地政府との協力関係の下に戦争犯罪問題を処理するという「混合法廷」のアプローチが注目を浴びていた。

それは、東ティモールで独立前に国連が暫定統治をとっていた際に、ディリの地方裁判部に国際裁判官が審理を行う混合法廷が導入されたことによって始まった。シエラレオネでは、現地政府と国連が大々的に協力する形で、二〇〇二年にシエラレオネ特別法廷(Special Court for Sierra Leone：SCSL)が、首都フリータウンに設立された。国連が運営に入っているといっても、必要資金は自発的拠出金によってまかなわれる仕組みがとられたため、SCSLは緊縮財政の中で活動を開始した。しかし悪名高き反政府勢力の革命統一戦線（Revolutionary United Front：ＲＵＦ）の指導者であるフォディ・サンコーの拘束に貢献し、黒幕と言ってもよい元リベリア大統領のチャールズ・テイラーの審理を進めているという点で、むしろ政治的にかなり目立った成果を出している。

ただＳＣＳＬが二〇〇〇年代に入ってから設立された戦争犯罪法廷としての特徴を発揮しているのは、現地社会に成果を還元するためのアウトリーチ（周知）部門の活動であろう。ＩＣＴＹ・ＩＣＴＲには、紛争後国の人々から離れたところで外国人の専門家がやっていること、という印象が強かった。そこでＳＣＳＬはあえて首都フリータウンの中心部に設置され、物々しい武装警備体制の下で、活動が進められた。

筆者の長年の友人であるシエラレオネ大学紛争・平和学部のメムナツ・プラット教授は、大学を一時休職する形で、ＳＣＳＬのアウトリーチ部門「レガシー（逸話記録）・オフィサー」として二年ほど勤務した。彼女の役割は、ＳＣＳＬの活動をシエラレオネの人々に伝えていき、また人々の声をＳＣＳＬ内に持ってくることである。シエラレオネの人々は、戦争があまりに不公正な結果をもたらしたことに憤っており、国民国家型の戦争とも異なっていたので当事者意識もないため、被害者救済に大きな関心を持っている。ＳＣＳＬ自体は被害者救済を行わないが、国連開発計画（ＵＮＤＰ）の司法関連プログラム等への影響もあるため、ＳＣＳＬが戦争の惨状を明らかにし、悲惨な境遇に追いやられた人々の存在を国際社会に示すことにつながる活動にはおおむね好意的である。

なおカンボジアでは、カンボジア特別法廷（Extraordinary Chambers in the Courts of Cambodia：ECCC）が、二〇〇六年から運営されている。これはクメール・ルージュが政権を握っていた一九七〇年代に起こった虐殺行為の責任者を裁くものである。ECCCについても国連が共同運営者となり、たとえば裁判官も国際裁判官と現地裁判官が協力して審理を進めるという仕組みがとられることになった。

ECCCは少数の政治指導者を審理しているうちは比較的順調に進められたが、軍事指導者の処罰を目指した事案にとりかかろうとしたところで、フン・セン首相のカンボジア政府から審理の停止の圧力がかかってきて、捜査も十分にはできなくなった。フン・センは、かつて恩赦を約束して逃亡者を募りながら軍事攻勢をかけてクメール・ルージュを壊滅させた経験を持っている。そのため裁判所の設立には消極的であった。そして政治的操作の余地を探っているのである。

ECCCの停滞については、国際社会の反応は鈍い。アジアでは、国際人道法を貫徹させて法の支配の文化を打ちたてることによって社会秩序を確立しようとする動きは目立たない。むしろ裁判によって社会の不安定化を助長するのは賢明ではないというフン・センの姿勢への理解も少なくないだろう。ちなみにICTYでほとんど唯一の日本人職員（検事）として勤務した筆者の二〇年来の友人は、ＥＣＣＣに移ってからもほとんど唯一の日本人職員（検事）として勤務している。日本がＥＣＣＣに対する圧倒的な最大資金拠出国であることを考えると、複雑な思いにさせられる状況ではある。

なお混合法廷の試みは、二〇〇〇年代の後半以降には、複雑な評価を受けるに至っている。カンボジア政府の利権構造を反映した汚職疑惑にも揺れたＥＣＣＣの混乱もあり、新規の事例は生まれていない。混合法廷もまた、その複雑な仕組みのゆえに、決して効率的に審理を進めて次々と課題を解決していくものではないことが明らかになってきている。任意の拠出金であっても、費用に見合う効果を出しているかという批判は継続して起こりうる。そこで現代国際社会で最大の問題となるのは、常設の国際刑事裁判所、および刑事司法ではない分野の国際機関の活動などを通じて、どのように国際的な法の支配を推進していくことができるか、という問いである。

†国際刑事裁判所の試み

二一世紀の戦争犯罪問題の進展の中で、最も目立った制度となっているのは、国際刑事裁判所（International Criminal Court：ＩＣＣ）であろう。ＩＣＣは、一九九八年のＩＣＣ設立条約（ローマ規程）にそって二〇〇三年に設立された。二一世紀に入る時代において、一方においては国連と現地社会との混合法廷がつくられていた中、ＩＣＣは多国間条約を設立根拠にするという国際法の原則にしたがった沿革を持ち、戦争犯罪問題に関する国際社会の大きな期待を集めて生み出された。

過去一〇年間の活動を通じて、ＩＣＣは一定の成果をあげ、特有の傾向を見せながら、限界も露呈してきている。ＩＣＣは戦争犯罪問題についての認知を世界的に向上させ、日本を含む多くの諸国を実際の戦争犯罪問題への対処に関わらせてきた。しかし、その過程の中で、アフリカの紛争にまつわる戦争犯罪ばかりを捜査対象としてきたことは、アフリカ人たちの不評を買っている。

現在に至るまで、ＩＣＣが捜査対象としてきた国は、ウガンダ、コンゴ民主共和国、中央アフリカ共和国、スーダン（ダルフール）、ケニア、リビア、コートジボワール、マリ、と全てアフリカの国々なのである。特にＩＣＣがスーダン大統領のオマル・アル＝バシールの訴追に踏み切ったことは、多くのアフリカ諸国の首脳たちを懸念させた。実はＩＣＣは、ヨーロッパ諸国を牽引力としながら運営されてきているだけに、旧宗主国が旧植民地地域の内政に踏み込んでくるかのような状態は、アフリカ人たちに警戒されてしまうものだったのである。

ＩＣＴＹやＩＣＴＲ、さらにはＳＣＳＬといった混合法廷に比して、ＩＣＣが訴追した被疑者を拘束につなげた実績は芳しくない。国連憲章七章の強制措置の権限を持っていないことはもちろん、国連全加盟国の協力が前提になるわけでもなく、ＩＣＣ加入国だけが運営しているという自発性に依拠した仕組みが影響しているだろう。一二二カ国の加入を数えているとはいえ、協力の有無や度合いは、全て加入国側の意思に委ねられている。ＩＣＣの成功には、加入国の強い貢献を引き出す必要性の認識が前提になるのである。

日本は二〇〇七年にようやくＩＣＣに加盟し、国民総生産額によって決定される分担金負担額で一位に躍り出た。また判事にも一八名中一名を送り出し続けている。だが、必ずしも存在感が大きいとは言えない。日本の加入が遅れた理由は、外務省公式見解では関連する国内法規を整備する時間がかかったというものである。ただし、当初ＩＣＣに敵対的だったアメリカに気兼ねしていたという事情があったことは否定できないだろう。ダルフール紛争をめぐるスーダン政府への対応が安保理で協議される過程において、アメリカのＩＣＣに対する姿勢が容認的なものに変化した。日本の加入はその後に急速に実現している。日本のＩＣＣへの関与の姿勢は、決して不純なものでないだろうが、非常に慎重なものに見えることは否めない。

もともとアジア諸国のＩＣＣへの加入率は著しく低い。ＩＣＣは地域ごとに判事を選出するなどの方針を持っている。便宜的にアジア諸国は太平洋・オセアニア諸国と一括りにされて一ブロックとしての体裁を保っているが、東アジアからＩＣＣに加入しているのは日本以外には韓国、フィリピン、カンボジア、東ティモールだけである。南・中央アジアにアフガニスタン、バングラデシュ、タジキスタンがあるだけで、中東にいたってはヨルダン一国だけしか加入していない。すでに締約国が一二二カ国を数えていることを考えれば、アジア地域におけるＩＣＣへの関心の低さは、目立っている。

なぜそうなのか。もちろん公式に説明できる体系的な答えなどはないが、推察は困難ではない。果たしてＩＣＣの活動が対象国の国内秩序に、さらには国際秩序につながっていくものなのかどうかについて、アジア諸国の間では、たとえばヨーロッパにおいてほど、確信の度合いが強くないのである。

アジアでは、法の支配を樹立することによって平和を確立するという経験が乏しい。安定は政治的作業によって、そして経済発展の求心力によって確保されるものだという考え方が根強い。そもそも犯罪者の処罰が平和につながるという考え方自体が決して広範には信じられていない。アジアにおいてＩＣＣが標榜する法規範の浸透度が低いということはないとしても、国際的な司法活動を通じて平和を達成し、地域の安定を図っていくという考え方の妥当性に対する認識は、一枚岩ではない。

3　法規範の普遍化を通じた平和構築

†法執行を通じた平和構築

ＩＣＴＹやＩＣＴＲのような戦争犯罪法廷は、特定地域で特定時期に発生した犯罪だけを扱うため、いわば戦争犯罪のほんの一部にしか管轄権を行使しない。ＩＣＣの管轄権は、多国間条約としてのローマ規程の管轄権の範囲であるため、加入国の範囲をこえて管轄権を行使することはない。このように過去二〇年間のうちに飛躍的な発展を遂げたかに見える国際刑事司法の活動領域は、実はまだ普遍的なものにはほど遠い。

国際刑事司法の制度的限界をこえた事件については、新たな制度をつくるのでなければ、他の活動を進めていく中で対応していくしかないということになる。すでに前章では、国際的な軍事介入が行われる際に、ある種の法執行の要素が生まれることについてふれた。冷戦終焉後に初めて憲章七章が発動されて、アメリカを中心とする諸国によって構成された多国籍軍がイラク軍を攻撃してクウェートを解放した一九九一年の湾岸戦争の事例は、イラクによるクウェート占領が、違法な侵略行為であることを認定したことによって始まった。つまり違法状態を是正するという法執行の目的が掲げられて戦争が遂行された点で、特筆すべき事例であった。

また、たとえばNATO軍による一九九五年のボスニア・ヘルツェゴビナでの紛争をめぐるセルビア人勢力に対する空爆、やはりNATO軍による一九九九年のコソボ紛争をめぐるセルビア共和国に対する空爆などの事例も、ある種の法執行であると考えることができる。それらの事例では、いずれも攻撃対象となった勢力が国際法に反した行動をとり続けていることが軍事行動の説明となった。つまり違法状態の是正が目的となっていた。「人道的介入」と呼ばれる国際的な行動は、人道的危機に違法状態があるという前提に立ち、この違法状態を緊急に解消または改善するために強制力を行使することだと考えることができる。それが実際には、違法者に対して攻撃をするという活動の形をとるわけである。その意味では、人道的介入も法執行活動としての性格を持っている。

二〇〇一年以降、自国民をさらなる攻撃から守る自衛権の行使として「対テロ戦争」を進めてきたアメリカは、戦争行為を通じてウサマ・ビン・ラディンという犯罪者を中心とするアル・カイダ勢力に対応したのだと言える。裁判手続きをへることなくビン・ラディンをはじめとするアル・カイダおよびタリバン勢力に属する人々を殺害し続けているアメリカの行動の法的根拠は、強制的な措置をもって対抗するのでなければ自国民に危害が及ぶという自衛権の論理である。自衛権の行使を通じて犯罪者を処理するという論理構成がとられる限り、「対テロ戦争」とは壮大な法執行活動のことであると言うことができる。

国連平和維持活動の多くが、「文民の保護（ＰｏＣ）」などを根拠にして憲章七章の裏付けをもって軍事力を用いたりするのも、法執行としての側面を持っている。なぜなら一般市民に攻撃がなされているような状況は、国際人道法の違反行為が起こっている状況なのであり、その状況を是正するための行動は、法の遵守を求める行動だからである。今日の国際平和活動は、単に和平合意の維持を目的に中立的に振る舞うのではなく、より積極的に法規範の遵守を求めて活動を進めていく性格を持つ。それは全て国際人道法などの規範を広げるための法執行活動なのだと特徴づけることができる。

しかも二〇一三年のマリの事例のように、対テロ戦争、人道的介入、国連平和維持活動が、密接に結びついた一連の活動が進展していく場合も生まれてきた。国連ＰＫＯミッションが展開しながら、別途フランス軍はテロリスト勢力の駆逐を目指した軍事作戦を独自に繰り広げ続ける。マリで行われているのは、ある種の複合的な法執行活動であると考えることは、それほど奇抜なことではないだろう。それは、戦争、治安回復、平和活動などが、複雑に連動しあっている平和構築である。それらの活動の基盤となっているのは、国際的な法執行者としての地位に立つ国際社会全体の性格である。

　このように軍事力を用いた国際機関または特定諸国の行動を通じて、国際刑事司法の制度の範囲をこえて、事実上の法執行活動の裾野は広がり続けている。むしろICCなどが被疑者の拘束などについて必ずしも目立った実績をあげていないことを考えれば、司法制度外の法執行活動が持つ意味は大きい。国際法規範の普遍化を目指した平和構築活動は、軍事的・政治的領域にも関わる性格を持っているのである。

†法の支配の文化の広がり

　国際的な法執行活動が政治的な性格を持っているとすれば、それは必ずしも明白な軍事行動の形をとるとは限らない。外交的な手段などを通じて、法の遵守が求められる場合もある。

　二〇〇五・〇六年の国連改革において、平和構築委員会とともに設立されたのは、国連人権理事会であった。人権理事会は、紛争中の戦争判断の問題などにも踏み込み、たとえばスリランカ内戦中の戦争犯罪のさらなる調査を決議で求め、スリランカ政府と対立したりしている。国連人権高等弁務官事務所（Office of the High Commissioner for Human Rights：ＯＨＣＨＲ）は、世界各地の人権状況を調査し、国際機関側の活動の内容についても助言をする機能を持っている。子どもと武力紛争に関する国連事務総長特別代表(Special Representative of the Secretary-General for Children and Armed Conflict)は、子どもに焦点をあてて武力紛争中の人道法違反を監視する役割を担っている。

さらには国連開発計画(UNDP)のように開発援助の枠組みを通じて、警察支援プロジェクトで現地政府の法執行能力の向上を支援したり、司法支援プロジェクトで裁判官や刑務官の能力向上を支援したり、人権意識啓発プロジェクトで法の支配を遵守する文化的土壌を強めようとしたり、紛争被害者を救済するための法的支援を提供したりする活動が数多く行われている。同様の活動は、二国間援助の枠組みでも行われる。これらは全て、法の支配の制度と文化を広げることが、社会の安定につながるという平和構築の考え方に依拠している。

なおすでにSCSLの「アウトリーチ」活動について紹介したが、その他にも戦争犯罪法廷が付帯的に持つ機能がある。たとえばICCが持つ被害者信託基金の運用なども、正義を回復するという大きな目的にしたがって進められるものなので、やはり広い意味での法の支配の文化の強化につながるものだと言えるだろう。被害者(または被害者のコミュニティ)への補償措置の提供を目指すICCの被害者信託基金は、通常の法廷活動とは予算も別枠で、任意拠出金による運営になっている。ICCの付帯的な活動として、法の支配の文化を対象国に還元していくために行っているものだと考えることができるだろう。

政治体制の変動期の司法関連の諸問題を扱う、いわゆる「移行期の正義（transitional justice）」の問題群の中で、戦争犯罪法廷は主要だが、唯一の要素ではない。たとえば「真実和解委員会」といった概念で括られる国内社会内部の試みなども、大きな位置を占める。ラテンアメリカ諸国で、軍事独裁政権下で起こった政府機構による犯罪行為を、人権侵害という大きな括りの中で調査し、記録し、可能であれば和解のための努力につなげていく試みが、真実和解委員会である。

ちなみにラテンアメリカ諸国は、本書が「紛争ベルト地帯」と呼んだ地域の二〇世紀後半以降の新興独立諸国と比べれば、非常に長い歴史を持っている。経済発展の度合いなどは、たとえばアフリカのサヘル地域などと比べれば、圧倒的に高い。しかしそれにもかかわらず、場合によっては麻薬取引等の犯罪シンジケートも関わる腐敗した政治権力構造が、独裁政権になりがちな大統領制と結びつき、構造的な政治問題を引き起こしてきている。ラテンアメリカ諸国における法の支配の文化の確立は、武力紛争に対応する狭い意味での平和構築をこえて、大きな問題を内包した課題である。

だがそれにしても、なぜわれわれはこのように様々な手段を駆使して法の支配を広げようとしているのか。武力紛争の背景に公的権威の破綻といった要因があるとみなされる場合、法の支配の確立が平和構築の有効な方法論になるという見方を、筆者は別の機会において体系的に分析した。この拙著『平和構築と法の支配』を出版してから一〇年がたったが、本章の冒頭から紹介しているように、その間に実務の世界における平和構築と法の支配の結びつきはますます強まった。国連をはじめとする巨大国際機関が法の支配への関心を強め続けているので、今や法の支配が平和構築のカギとなることは、あまりにも自明だとみなされすぎているように思われるほどである。

しかし実は法の支配を紛争後社会の平和構築の「戦略」とすることには、国際社会の側で持っている理由がある。本当は、法の支配に訴えるアプローチだけが、平和構築の戦略なのではない。たとえば、より土着社会の習慣に訴えるような平和構築の方法論も、当然ありうる。だが国際社会の側に、標準モデルの法治国家を樹立することによって平和構築を進めることへの思い入れがあるがゆえに、国際社会の側はそれを推奨するのである。

今日の世界では、地表のほぼ全てが主権を持った国民の国家に分割されているという擬制に依拠して、国際的な統治の仕組みが決められている。したがって地表を覆い尽くす全ての国家が、安定して標準的な規範に準拠した制度を維持していることが、最も望ましい国際秩序のあり方である。破綻した国家に法の支配の制度を注入し、標準的な主権国家として生まれ変わらせる活動は、国際社会が現在の国際秩序を維持するために、望ましい作業なのである。

国際社会が標準的な法の支配の適用を求めるので、現地社会の側でも法の支配を意識しなければならないのか、あるいは現地社会が法の支配を求めるので、国際社会はそれに対応しなければならないのかは、ほとんど鶏と卵の関係のような話である。現実は、多くの場合、両者の要素を双方とも持っている。

国民が主権国家を形成して自己統治する原則は、地球を分割統治する原則である。国際政治学では、このことを国際関係の「アナーキー（無政府）性」と呼び、伝統的には権力政治を強調する「現実主義」的見方の思想的基盤となってきた。しかし同時に、その国際社会の分割統治体制は、主権を持った国民国家という共通制度が、普遍的に国際社会に存在していることの証左でもある。

すでに述べたように、二〇世紀後半に成立したと言える「普遍的国際社会」によって、そのような共通制度が普遍的な原則として確立した。そんなことは、人類の長い歴史の中で、最近のほんの瞬きほどの短い期間の出来事にすぎない。だが標準モデルにしている普遍的に共有されている制度があるからこそ、国際社会の標準グループと、非標準グループの区分けがなされる。そこでたとえばソマリランド共和国のような逸脱した政治共同体は、国際社会の主流から見れば、存在していないに等しいものとして扱われてしまう。

ある社会に存在する根本原則を逸脱不可能なものとして尊重していく態度を、立憲主義（constitutionalism）と呼ぶことができる。それは社会を構成する原理（constitution）を尊重するという態度である。したがって「普遍的国際社会」に共通の制度および規則があることを重視し、そのことを国際社会で尊重していく態度を、国際的な立憲主義と呼ぶことができる。この「国際立憲主義」を標榜するのであれば、当然国内社会の秩序にも反映されていなければならないし、平和構築においても同様である。国際人道法の中核規定が重要なのであれば、国際社会においてそれを推進すると同時に、国内社会でもそれを遵守しなければならず、そして国際人道法の遵守を取り入れた平和構築を行っていかなければならない。

こうした立憲主義的秩序は、どうしても内側と外側の論理を持つ。立憲主義的秩序の内側では、共通の規則にしたがって生きる者たちの平和な社会を築きやすい。しかしその外側では、対立も起こるかもしれない。

国際立憲主義の適用は、正の要素と、負の要素がある。現代の平和構築活動は、国際立憲主義がかえって社会の不安定を増加させることがないように配慮しながら、なお立憲主義的秩序の強化・拡大によって達成できる平和の可能性を試しているのである。

第5章

開発援助は平和をつくるのか？——経済部門の平和構築

本章では、国際協力の分野で大きく広がる開発援助と、平和構築との関わりを考える。開発援助とは、伝統的な狭い意味では、経済成長を促すための援助を意味していた。しかし近年では、単に経済分野に限定されず、社会の様々な分野の問題を解決することが開発だと考えられるようになった。行政支援も、教育支援も、インフラ整備も、医療施設支援も、保健制度支援も、あらゆることが開発援助の対象になりうるのである。

そこで平和構築の一環として治安部門関連の省庁を支援したり、司法機関を支援したりすることも、開発援助に携わる機関の活動になる。軍事や法律といった専門性が明確な分野の特殊専門家の活動を除けば、あらゆる分野に開発援助が広がっているわけである。平和のための社会的基盤をつくる活動である平和構築は、様々な場面で開発援助と一体となって動いていくことになる。

こうした開発援助と平和構築の幅広い結びつきの中で、特に重要なのは、能力開発と総称される開発援助活動である。平和構築の観点から重要視される分野の専門家や行政職員らの能力を向上させるための支援を行うのは、主に開発援助の仕組みを通じてである。さらにそれらの重要分野の制度的能力・組織的能力という集合的な能力を扱うのもまた、開発援助が中心になる。開発援助と平和構築は、重視する活動領域を見ても、密接不可分な関係にある。

本章では、まずこのような開発援助と平和構築の結びつきの具体的な姿を描き出していく。その上で、開発援助が、どのような能力を、どのように開発しようとしているのかを探り、開発援助を通じて達成される平和がどのようなものなのかを考えていくことにする。

1　開発援助と平和構築の結びつき

†開発援助と国際秩序

開発援助とは、それ自体で独立した一つの業界を形成している。それは一般の商業世界から切り離された世界であるがゆえに幾分は目立たないものであるかもしれないが、公的セクターから流れ出てくる資金が、一応は政府と切り離されているが実際には深く結びつく特殊な公的法人や、プロジェクト実施の現場を担う無数のコンサルタント会社などによって運営されている独特の業界である。そしてこの業界は、決して長い歴史を持つものではない。開発援助業界は、第二次世界大戦後の国際社会の大きな転換の中で、誕生し、発展してきた。いわば開発援助とは、二〇世紀後半に確立した国際社会の産物である（図4

図4　国際的な開発援助総額の推移

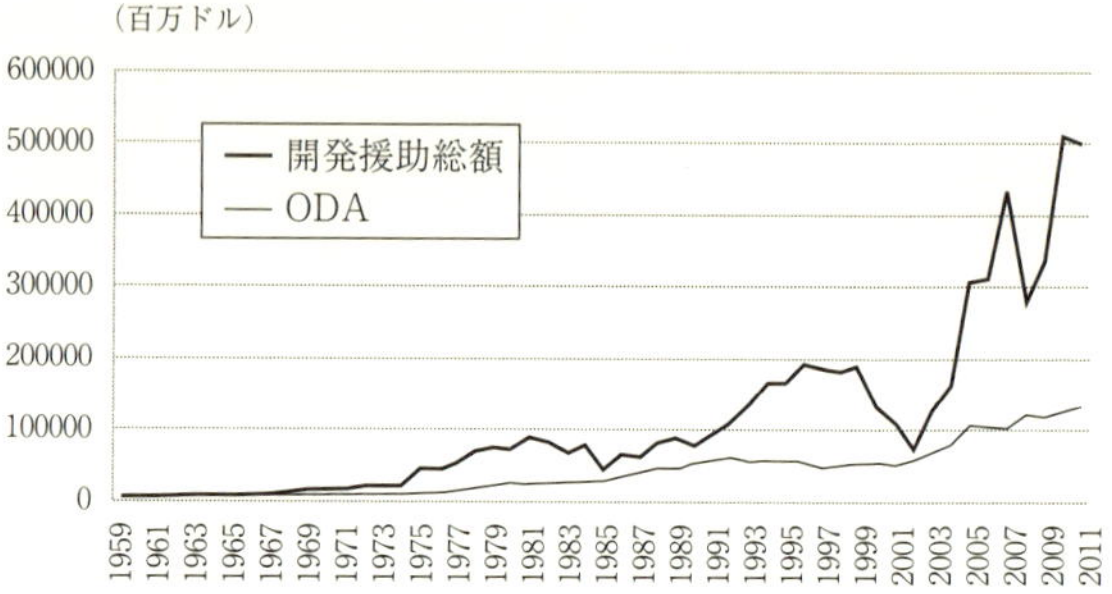

(OECD-DACのデータを参照して、篠田英朗と秋元悠が作成)

参照)。

二〇世紀後半の世界は、世界の隅々に存在する「国民」のそれぞれが自分たちの独立した主権国家を持つ、という原則にのっとって、新しい「普遍的な」国際社会をつくりあげた。その結果、もしいずれかの国家が、主権国家の定義に即して怪しい内実しか持っていないことが判明しても、「普遍的国際社会」の考え方では、その国家の存在を否定することはしない。極端な場合では、ソマリアのように全く内実が対応していない国家の抜け殻のようなものであっても、その存在を否定することはしない。ソマリアという国家の一体性に反するソマリランドの存在のほうを否定する。一九世紀の国際法学者たちであれば容赦なく「半主権国家」と呼ぶだろう深刻な問題を抱えた国家の場合であっても、いわばその国家はあくまでもただ「発展途上」にある、と考えるのが、「普遍的国際社会」の流儀である。

「普遍的国際社会」よりも前の時代であれば、主権国家の定義が非常に厳しかったために、それを満たす国家は、イギリス、フランス、ドイツ、ロシア、オーストリアなどの限られた国々だけであるように思われた。一九世紀後半に、ヨーロッパ人たちが作り出した国際社会に参入しようとして国力を整備しながら、不平等条約の改正などを達成するのに数十年を要さざるをえなかった日本の歴史を見るならば、「ヨーロッパ国際社会」の主要構成員である主権国家として認められることに、いかに高いハードルがあったかがわかる。

これに対して今日の国際社会では、「発展途上」の国家に対しては、一刻も早く標準的な主権国家になるように、国際社会の支援が集められる。たとえばある国家にはインフラストラクチャーが全く欠如しており、首都から地方に車を走らせることも簡単にはできず、国家の行政的運営をすることにも深刻な障害があるとしよう。それでもその国家は決して「疑似主権国家」などではなく、「発展途上国」である。ただ開発援助を通じて、あるべき国家の姿に一歩一歩近づいていくことが求められるだけである。

二〇世紀後半の脱植民地化の運動の中で主権国家として生まれた新興独立諸国には、独立国家としての機能を自律的に維持していくための準備をしていない場合が多々あった。脱植民地化の運動があまりにも急速に世界を席巻したために、長い時間をかけて準備をする余裕がなかったのである。高等教育を受けていないような者が、縁故主義の中で、中央政府の行政職員になるなどする場合が、数多く発生した。開発援助が求められたのは、そのような低開発社会を発展させていくことが必要だ、という脱植民地化以後の時代の国際社会の共通認識があったからにほかならない。

つまり新興独立諸国の社会秩序は脆弱であったため、開発援助の力を借りて安定を図っていく必要があった。たとえば行政機構の確立、交通路の整備、教育システムの構築などに対する支援活動が、開発援助の枠組みの中で、実施された。開発援助が過去半世紀の間に発展したのは、世界の諸国の間に甚大な格差があり、その格差の補塡をする努力が不断に必要だったからにほかならない。

もし開発援助が成功すれば対象国の社会的安定が達成されるという仮定が働くのだとすれば、開発援助はさらに社会的安定としての平和構築につながっていくことになる。そして実際にそのように、開発援助は様々な形で平和構築活動の一環として位置づけられる。そもそも世界の諸国の間の甚大な格差を前提にして進められている開発援助の構図と、ぴったり一致する形で紛争が起こり、平和構築の必要性が発生している。つまり貧困地域において、劣悪な社会環境があり、武力紛争も起こっているので、豊かな国々が、優越的な社会資産を活かして、平和構築のための支援を行うのである。開発援助のレンズから描き出される平和構築の姿は、二〇世紀後半に成立した「普遍的国際社会」に内在している格差を映し出したものである。

脱植民地化の過程の直後には、あるいはまだ進行中の段階では、開発援助に頼らない経済格差の克服が模索された。欧米企業が管理する石油資源を強制的に国有化するような行為が繰り返され、一九五六年には、独立したエジプトと、スエズ運河の利権を守ろうとするイギリス・フランスが対立するスエズ動乱が発生したりした。一九六二年には国連総会で、新興独立諸国による「天然資源に対する恒久主権」が宣言され、自国領土内に存在する天然資源に対する新興独立国の主権が確認された。こうした動きは、一九七三年のOPEC（Organization of the Petroleum Exporting Countries：石油輸出国機構）による原油価格引き上げ措置による「オイル・ショック」などにつながっていく。

一九七四年には国連総会で「新国際経済秩序（New International Economic Order：NIEO）」の概念が採択された。より積極的な人為的施策により、国際社会に広がる甚大な経済格差を是正することを目指した動きである。その柱となっていた考え方は、先進国企業の経済活動を制限して新興独立諸国に有利な資源開発を可能にして、格差是正を図るというものだった。

今日の世界を見ると、NIEOの結果として、中東の原油産出国は、豊かにはなった。ただだがそれらの国々でも、社会全体に広がる産業基盤を整えられているわけではない。ただ国家が原油管理に成功すれば、その国家は豊かになり、社会秩序の維持においても有利な面が発生してくる。「アラブの春」で政権崩壊が起こったリビアなどは、天然資源収入によって国家運営を安定化させながらも、利益の再配分・有効活用に失敗して反政府感情を広げてしまった国であったと言える。

だがそもそも天然資源にも恵まれておらず、内陸国で資源輸出にも制約があるような国の場合には、NIEOの動きから得られるものは、おのずから限定的であった。資源開発で発展が見込めないのであれば、あるいは見込んだほどの利益を得られなかったのであれば、むしろ先進国から援助を得て、経済成長につなげていくしかない、ということになった。脱植民地化の時代の高揚が過ぎ去り、NIEOの効果も見極められるようになるにつれて、開発援助の持つ意味は拡大していくことになった。

†構造調整から持続的開発へ

開発援助は第二次世界大戦後の「普遍的国際社会」の中で、諸国間に経済格差があることを自明の問題として、その是正のために開始された。短期間では望ましい成果が出ないことがわかったとき、あるいはそもそも援助をしているにもかかわらず効果が見えない国があることがわかったとき、開発援助機関は、援助を受ける側に問題があることを指摘した。そして援助を受ける側に是正措置をとらせるために、支援者の要請にそった改革を行うことを、援助の条件とするやり方を採用していった。世界銀行やＩＭＦ（International Monetary Fund：国際通貨基金）が一九八〇年代に推進した、いわゆる「構造調整（Structural Adjustment）プログラム」がそれである。

より具体的には、政府が優先度の低い費目に予算を回しすぎだという問題によって、開発援助の成果が出ないと思われる場合には、政府予算の大幅削減を求めた。たとえば、公務員数の削減などが、援助の条件とされることがあった。構造調整プログラムは、社会内の経済格差を助長する、急激すぎる、などの批判を内外で浴びたが、援助効果を求める開発援助機関によって、世界全域で基準化されたのであった。

今日では、構造調整プログラムの評価は、さらにいっそう低くなってしまっている。なぜなら厳しい条件をのんで援助を受け入れた国では、世界銀行などだけではなく、実際に政策を実施する政府も、人々から敵対視されてしまったからである。構造調整プログラムは、結果的に該当国政府の信頼度の低下を生み出してしまい、ひいては一九九〇年代に爆発する数々の武力紛争につながる社会不安を作り出したとも考えられている。経済成長を至上命題としたかのような改革をあまりに急激に課したがゆえに、社会全体の構造的矛盾はかえって顕在化してしまったということである。こうした経緯から、今日では構造調整プログラムは単に実施されていないだけでなく、ほとんど言及することができないくらいにタブー化されている。

もっとも、経済成長を重視する立場は、構造調整プログラムの不評だけで消滅するものではない。政府機構の改革自体は、今日の開発援助でも重要視されている。ただし政策領域の判断に国際機関が介入しているかのような振る舞いは、今日では慎重に避けられる。財政運用面も含めた政策的事項の改善は、現地政府が自ら問題点として発見するように促進される。行政府支援などが行われる際には、能力構築という「技術支援」の一環として、行政機構の改革が促進されることになる。

世界銀行は、発展途上国に支援をするにあたって、現地政府と共同でその国の状況に応じた「貧困削減戦略文書（Poverty Reduction Strategy Papers：ＰＲＳＰ）」を策定するのを常としている。「ＰＲＳＰ」は、現地政府が主体的に共同策定した「戦略」という位置づけを持ち、それだけにその国への開発援助の進め方に大きく影響する重要文書となる。ＰＲＳＰは、世銀の支援の目標が貧困削減にあることを示唆しつつ、その目標を達成するためには政府機構のあり方の改善なども求められることを指摘したりする。

世界銀行は一九九〇年代後半のウォルフェンソン総裁の時代に「包括的開発枠組み（Comprehensive Development Framework：ＣＤＦ）」の方針を確認し、路線整理を行った。

ウォルフェンソンが唱えたのは、「個々のプロジェクトをこえた」アプローチであり、持続可能な開発を可能にするために社会問題の様々な要素を考慮し、現地社会が主導する、包括的な開発アプローチであった。今日の世銀は、優先的支援対象に、最貧困国や脆弱・紛争後国家などの問題を抱える国々をあげており、またアラブ諸国特有の問題にも対処することの重要性も特筆している。世銀としても、これらの諸国の社会問題を「包括的」観点で改善していく過程を通じて、経済成長を求めるという路線を選択しているのである。

なお一九九〇年には、パキスタンの経済学者のマブーブル・ハックが、「人間開発指数(Human Development Index：HDI)」を開発した。これは、単なる経済水準ではなく、より広い意味での生活水準を指数化するための試みであった。出生時平均余命(歳)、成人識字率(一五歳以上)、複合初等・中等・高等教育総就学率、購買力平価で計算した一人あたりGDPをもって、人間が豊かな生活を送るために開発されている度合いを指数化したものである。ハックの人間開発指数に、貧困指数やジェンダー指数を加えたものを、UNDPは一九九三年以降の毎年の『人間開発報告書』で公刊している。ちなみにUNDP総裁特別顧問であったハックは、一九九〇年代前半の『人間開発報告書』の執筆者であり、一九九四年版で「人間の安全保障」の概念を導入して、さらに平和構築にも関わるインパクトを与えた。

人間開発指数は現在では完全に定着し、特に各国の開発度合を示す信頼できる指数として、毎年の国別ランキングは様々な場面で参照される。武力紛争と開発の度合いを示すために使われるのも、今日では主に人間開発指数である。こうした動きは、単に経済成長だけを指数として用いるのではなく、より総合的な観点から理解できる人間開発の指数を用いたいという時代のニーズに合致したものだったと言える。

開発援助とは経済成長だけを目指すのではなく、「包括的な」ものであるべきだという認識は、開発援助の業界における議論の大きな流れを象徴する。単に経済発展の段階が異なっているだけで、全ての国々が経済成長を遂げることができるという前提に依拠した開発援助は、確かに時代遅れになった。つまり、世界の多くの国々は、非常に複合的な問題状況の中であえいでいる。経済成長を狙った単純な経済開発では、そのような複合的な問題に対処することができないので、「包括的な」開発援助が求められるのである。「普遍的国際社会」における構造的な格差の矛盾が非常に大きく、長期の取り組みを要するものであることが判明してきた、という言い方もできるだろう。

社会内の格差の是正を重視する見方は、二〇〇〇年に開催された国連の首脳級会合で、二〇一五年までの世界の開発援助の指針として採択された「ミレニアム開発目標（Millennium Development Goals：ＭＤＧｓ）」に色濃く表現されている。具体的な数値的達成目標とあわせて掲げられた八つの開発目標とは、「極度の貧困と飢餓の撲滅」、「初等教育の完全普及の達成」、「ジェンダー平等推進と女性の地位向上」、「乳幼児死亡率の削減」、「妊産婦の健康の改善」、「HIV／エイズ、マラリア、その他の疾病の蔓延の防止」、「環境の持続可能性確保」、「開発のためのグローバルなパートナーシップの推進」といった広く社会開発の問題群を視野に入れるものであった。MDGsが果たした役割の第一は、開発援助とは、貧困撲滅、教育、ジェンダー平等、公衆衛生などの分野で、国際社会に蔓延している格差を是正するために行われるものだ、という認識を広めたことにあると言ってもよいだろう。

低成長・低所得・一次産品依存を解消するための経済成長政策が、開発援助の中心課題だとすれば、経済成長に貢献することによって開発援助は平和構築に貢献するものだということになる。あるいは、主要な社会経済指数に関して格差をなくしていくことが、開発援助の中心課題だとすれば、格差を解消することによって開発援助は平和構築に貢献するものだということになる。

何が戦争を予防するのかを一般論で断定的に予見することができないだけでなく、そもそも開発援助が何を目指して行われるものなのかさえ一般論で断定的に予見することはできない。経済成長が戦争を防ぐのか、格差の解消が戦争を防ぐのか。そして、開発援助は経済成長を目的にした活動なのか、社会的な格差の解消を目的にした活動なのか。

経済成長と格差解消は、二律背反的な関係にあるわけではなく、個別的な事情に応じて意味を変えていくものでもある。しかしそれだけに、二つの問題群は、開発援助と平和構築の複雑な結びつきを描き出すものでもある。

†紛争分析における経済問題

すでに第1章でふれたように、元世界銀行エコノミストでもあるオックスフォード大学のポール・コリアーの「貪欲と不満（Greed and Grievance）」と題された有名な論文によれば、現代世界の武力紛争は、格差是正を目指す者によってではなく、貪欲に利権を求める者によって、数多く引き起こされている。

コリアーによれば、低成長、低所得、天然資源への依存などの条件がそろう社会が、武力紛争が発生する確率が高い社会である。なぜならそこでは、貪欲な者が、低資金で簡単に若者層を武装集団に引き込むことが可能となり、天然資源の収奪によって貧弱な政府に対抗するのに十分な資金を確保できるからである。武力紛争の発生は、貪欲な者に利用されてしまう機会があるかどうかによって決まるのであり、不満を持つ者が是正のための行動をとるかどうかによって決まるのではないのであった。

こうしたコリアーの見方によれば、社会的不正義の是正にばかり気をとられた開発援助は、武力紛争を防ぐという観点からは、近視眼的である。より長期的には、貪欲な者が利己的な理由で武力紛争を起こすことを容易にしてしまう条件をなくしていくことが必要なのであり、それは経済成長によって達成される。経済に未来が生まれ、所得水準の向上が実感され、天然資源だけに左右されない経済基盤がある社会では、武力紛争が生まれにくい。いわばコリアーは経済成長による紛争予防の効果を説いた人物である。

このようなコリアーの立場と先鋭に対峙するのが、たとえばフランシス・スチュワートが標榜する立場であった。スチュワートらは、「水平的不平等（horizontal inequalities）」がある場合に、紛争が発生しやすいと論じた。「水平的不平等」とは、社会的集団の間の不平等である。通常の不平等であれば、個々人の間に生まれ、社会に個々人が属する階層をもたらす。

ところが民族や部族、あるいは地域や宗教によるアイデンティティによって、一つの国の中であっても複数の社会集団がある場合、それらの社会集団間に集団的な格差があるかどうかが、武力紛争の発生に大きく関わる、とスチュワートらは論じた。なぜなら、すでに存在している社会的諸集団の間に不平等がある場合、それらの諸集団がそのまま紛争当事者になる形で、紛争が発生しやすいからである。逆に諸個人の間の格差だけであれば、武力紛争に発展しにくいわけである。

スチュワートらの議論は、伝統的なマルクス主義者の議論からも、コリアーのような経済成長主義からも、距離を置こうとしている。マルクス主義であれば、諸個人間の経済格差が、やがて社会集団としての階級を生み出すため、搾取された労働者階級の担い手であるプロレタリアート層が推進力となって革命が達成される、と考えた。これは今日では歴史の検証に耐えられない時代遅れの考え方だとみなされている。だがそれでもスチュワートらは、コリアーのように、経済格差や不平等は武力紛争の直接的な発生要因にはならない、とは考えない。ただより原初的に存在しているアイデンティティ集団が不平等関係に置かれているといった要素がある場合に特に、武力紛争が発生しやすくなると考えたのである。

コリアーのような考え方にしたがえば、開発援助は伝統的な経済成長刺激策を効果的に行うことによって、武力紛争を防ぐための効果も狙えるということになる。スチュワートのような考え方にしたがえば、社会的集団間の不平等を是正していくことによって、武力紛争を防ぐための効果も狙えるということになる。どちらに依拠して紛争の原因分析を行うかによって、開発援助の望ましい実施方法も大きく変わってくるわけである。

どちらが正しいかは一般論で判断する必要はなく、むしろ個々の事例に即して両者それぞれの適用範囲を考えていくほうが建設的だろう。だが両者の見方は、開発援助に関する二つの異なる立場をそのまま反映しているところもあり、両者のバランスのとれた適用は簡単ではない。

2 開発援助を通じた平和構築

†脆弱国家の問題

冷戦終焉後の世界において武力紛争が蔓延し、国際機関等が対応を迫られる時代になって、開発援助機関も様々な形で平和構築への貢献を求められるようになった。たとえば、かつてコリアーが率いていた世界銀行の開発調査部は、武力紛争の発生原因・継続原因を調べて、その結果を開発援助の方法に反映させようとしてきている。世銀が公刊する関連分野の報告書類は、大きな影響力を持っていると言ってよい。

開発援助の業界で、開発援助と平和構築の関係に関する分析は、OECD－DACが継続的に取り組んできている。OECD（経済協力開発機構）は、諸国の経済分野での協力関係の促進を目的にして設立されたパリに所在地を置く国際機関だが、DAC（開発援助委員会）は、その中でもさらに開発援助に従事しているドナー国が援助方針などを話し合うための場である。したがってOECD－DACは、伝統的には平和構築を主な議題とする機関ではない。しかし一九九〇年代の後半からは、逆に平和構築をめぐる議論を、重要議題の一つとして捉えてきている。いわゆる「脆弱国家（fragile state）」をめぐる一連の議論がそれである。

OECDや世界銀行が「脆弱国家」という概念で意味しているのは、紛争を経験した国や、その他の特殊な脆弱性を持つ国家群のことである。OECD－DAC加盟国は、冷戦終焉後の一九九〇年代から、「脆弱国家」の概念を用いて、紛争を経験した諸国のような特殊な状況で、どのような開発援助が求められるかについての行動方針を研究していった。裏を返せば、これは開発援助を用いて紛争後国の平和構築に貢献していくという政策的意思の表れであったと言ってよい。

DACは、二〇〇〇年代の後半から、さらに一連の脆弱国家支援の方針を定める作業を展開している。その背景には、まず「援助効果に関するパリ宣言（Paris Declaration on Aid Effectiveness）」をめぐる動きがある。二〇〇五年の「援助効果」に関する原則を明らかにしたDACの「パリ宣言」は、「オーナーシップ（Ownership）」、「連携（Alignment）」、

「調和（Harmonisation）」、「成果マネジメント（Managing for Development Results）」、「相互説明責任（Mutual accountability）」を、援助効果を高めるための原則であるとした。「オーナーシップ」は、援助を受ける国が自ら貧困削減などの開発の戦略を立てるべきことを意味する。「連携」は、ドナー国が、援助対象国のシステムを用いて援助を行うべきことを意味する。「調和」は、ドナー国同士が重複を避けて手続きを簡明にするための努力を払うべきことを意味する。「結果」は、計測可能な結果を重視すべきことを意味する。「相互説明責任」とは、結果に対してドナーとパートナーの双方が責任を負うことを意味する。

さらに「パリ宣言」を強化する形で、二〇〇八年に「アクラ行動計画（Accra Agenda for Action：AAA）」がガーナで採択され、特に「オーナーシップ」を強化するための援助対象国の発言権の確保や現地システムの活用、「包含的なパートナーシップ（Inclusive partnerships）を目指したDACドナー国、援助対象国、その他のドナー国、市民社会などの間の協力関係の構築、開発に対して計測可能な「結果をもたらすこと」の重視が謳われた。こうした動きは、さらに二〇一一年の効果的開発協力のための「釜山パートナーシップ」などへとつながっていく。

「パリ宣言」は、脆弱国家に対する援助だけを対象にしたものではなく、開発援助の全般において、指針とすべき原則を示したものである。援助の流れ全体に関わる考え方の大枠を示しているため、「パリ宣言」は開発援助の現場のいたるところで言及され、非常に大きな影響を及ぼしている。そして「パリ宣言」に象徴される「援助効果」を高めるための努力の一環として、脆弱国家支援をめぐる議論が発展してきている。

たとえば、二〇〇七年には、脆弱国家支援の一〇原則がDACで採択された。この原則は、「文脈を尊重し」、「援助によって副次的な害悪が生まれないように配慮し」、「国家建設を中心的な目標とし」、「予防を優先し」、「政治・治安・開発の目標の連関性を認識し」、「包含的・安定的社会の基盤として不差別を促進し」、「様々なやり方・文脈で現地優先目標と連携し」、「国際社会からの関与者の間の実務的な調整メカニズムについて合意し」、「迅速に行動しつつ継続的に関与し」、「〈援助孤児〉と呼ぶべき結果的に援助から排除されてしまう者が生まれないようにする」ことを確認するものであった。

これらの極めて多様な要素についてふれた実務的なガイドラインというべき「一〇原則」は、さらに「脆弱国家」に対する援助の効果を高めるための一連の作業へとつながっていく。DACは、INCAF（International Network on Conflict and Fragility）と呼ばれる紛争・脆弱性に関する国際ネットワークを形成して、議論の促進を図っている。議題とされてきているのは、国際的な紛争誘発要因の検証、和平プロセス自体への支援の方法の検証、社会的期待・政治的解決・政府能力などの点に着目した国家建設活動のあり方の検証、治安部門改革の検証、武装暴力の削減方法の検証、鉱物資源管理方法の検証などである。さらにＩＮＣＡＦは、「財務・援助の枠組み」作業部会を形成し、「脆弱国家」に対する政府開発援助や投資活動について、資金の流れに無駄がないか、適正なリスク評価が行われているか、などを検証している。

また、ＤＡＣをこえた広がりで、援助効果の向上を「脆弱国家」を対象にして推進しているものとしては、「平和構築と国家建設に関する国際対話（International Dialogue on Peacebuilding and Statebuilding）」がある。これは、脆弱国家と援助対象国の間の対話を促進するために作り出されたもので、四四カ国の援助国と援助対象「脆弱国家」が、国連や世界銀行、あるいはアフリカ連合などの関係する国際機関とともに、平和構築と国家建設の進め方について議論をすることを目的にしている。国際機関所在地あるいは紛争後国などの世界各地で、この「国際対話」の一環として位置づけられた会合が今や毎月のように開催されている。「国際対話」は、ＤＡＣの構成国をこえた対話の広がりを作り出していることを特徴にしている。つまり援助対象国である「脆弱国家」政府だけでなく、ＤＡＣに加入していない中国のような援助大国を取り込んでいることが、特徴である。

「国際対話」プロセスの一つの成果が、二〇一一年に採択された「ニューディール（New Deal）」と呼ばれる考え方である。「ニューディール」は、「目標」「焦点」「信頼」の三領域を強調する。「目標」とは、「平和構築・国家建設の目標」であり、「正当な政治」、「治安」、「司法」、「経済基盤」、「収益と便宜提供」が、その内容となっている。さらに発展のためのカギとなる「焦点」として、「脆弱性の評価」、「一つのビジョンと一つの計画」、「同意」、「平和構築・国家建設の目標を用いた監視メカニズム」、「政治対話・リーダーシップへの支援」が列挙される。「信頼」を高めるための配慮事項としては、「国内の人的・物的資源を用いた透明性」、「相互に評価される投資リスク」、「現地のシステムの活用」、「現地社会の人員と制度の能力の強化」、「時期にかなった予測可能な援助」といった要素をあげている。

このようにDACは、多様な「脆弱国家」への支援をめぐる活動を行い、数々の報告書類を公刊してガイドラインの策定を熱心に行ってきている。主要な援助国が集まって援助の方法を議論する場であるDACが主導して策定する指針は、実際に平和構築の現場に大きな影響を与える。平和構築活動の中枢をなす開発援助の資金のほとんどは、DACを構成する諸国から流れ出てくるものだからである。

逆に言えば、日本のように政府開発援助の枠組みで紛争後国に援助を提供している国であっても、DACが主導する議論に沿った形でなければ援助を行いにくくなるのが実際のところである。そこで自国が望ましい方向に援助を誘導しようとする場合には、DACや

「国際対話」を通じて、国際的な「脆弱国家」支援のあり方をめぐる議論に影響を与えようとする試みも生まれてくることになる。たとえば「国際対話」などに、日本は参加していることになってはいるが、存在感は低い。積極的に議論を主導しようとしているアメリカや欧州諸国とは対照的だと言ってよいだろう。

†紛争状況への対処

世界銀行が毎年違った開発援助に関するテーマを設定した上で公刊している『世界開発報告書』は、二〇一一年版で、治安・正義・開発を扱った。『世界開発報告書』は、紛争と脆弱性の問題を、暴力の連鎖と捉えた。そして暴力の連鎖を、どのようにして断ち切ることができるかを、開発援助の課題と考えた。そこで『世界開発報告書』が強調したのは、安全、正義、雇用を供給することであった。

まず『世界開発報告書』は、最も深刻な社会経済開発上の問題を抱えている地域は、紛争が起こっている地域であることを指摘した。開発援助の効果を高めるためにも、「脆弱・紛争影響下の国家」などに対する支援の方法が問われることになる。対処すべき問題は、治安・正義・経済に関する領域に存在する。社会内部から、あるいは外部から引き起こされる治安・正義・経済に関する領域の諸問題によって、社会のストレスが高まり、暴力の連鎖が発生しやすくなる。『世界開発報告書』によれば、暴力の連鎖の原因として分析できるのは、安全、正義、そして雇用の欠落であり、それらを供給することによって、暴力の連鎖を断ち切り、武力紛争を防ぐことができると考えられるのであった。

その過程で重要となるのは、社会構成員相互の信頼を回復し、国内社会に存在する諸制度の転換を、外部支援で強化していくことであった。国内の既存の信頼関係や諸制度の機能不全によって、十分に安全、正義、雇用が供給されず、暴力の連鎖が発生するのだとすれば、外部支援によって信頼関係や諸制度を改革して強化することが有効になる。つまり開発援助を通じて、安全、正義、雇用を供給するための信頼関係の回復を図り、諸制度の転換を促進することによって、暴力の連鎖を断ち切ることができると、『世界開発報告書』は論じたのであった。

この『世界開発報告書』の内容を受けて、世界銀行は六つの活動指針を設けることになった。第一には、「脆弱・紛争影響下の状況」においては、脆弱性に焦点をあてる。つまり国内諸制度の脆弱性の把握をしないまま、通常の開発援助のやり方をあてはめるようなことはしない、ということである。第二には、治安、正義、開発の三領域の間のパートナーシップを重視し、世界銀行が得意としない分野で活動する組織との連携も進めていく。第三には、雇用と民間セクターの開発に注意を払い、コミュニティに依拠した開発にも力点を置いていく。第四には、単にリスクを回避するのではなく、脆弱・紛争影響下の状況でのリスク管理と期待される結果の関係について精緻化を進めていく。第五には、財政的不安定性を軽減するために、中核的な制度や事業に対する継続的な支援を重視する。第六には、脆弱・紛争下の状況での活動の精緻化を図るための拠点を整備する。実際のところ、世界銀行は、二〇一二年に「紛争・治安・開発に関するセンター（Center on Conflict, Security and Development：ＣＣＳＤ）」をナイロビに設立し、脆弱国家における活動を、分析・立案面から補強する試みを進めている。

国連も、様々な機会を通じて、開発援助を通じた平和構築への貢献について、議論を重ね、現場での活動を積み重ねている。たとえば、国連による開発援助の中核を担う国連開発計画（ＵＮＤＰ）が掲げる四つの重点分野のうちの一つは、平和構築と関係の深い「危機予防・回復」である。

この「危機予防・回復」の内容には、自然災害への対応策も含まれるが、より中心的な課題は、人的災害、つまり武力紛争等による危機への対応である。現地政府やコミュニティの構成員である人々が紛争を自分たちで解決していくための制度や対話の機会を作り出す「紛争予防」への支援、紛争後平和構築の中核活動としての「法の支配、司法、治安」への支援、「紛争予防、平和構築、回復への女性の参画」への支援、「生計・経済の回復」

を目指した支援、「危機下の統治」への支援、などがある。ＵＮＤＰは、主に現地政府への支援を通じた現地社会の制度的・人的能力の向上を通じて、長期的な平和構築に貢献しようとする。

ＵＮＤＰの場合、援助対象国の政府機関職員の能力向上などの活動は、平和構築の文脈を離れても多々行っており、「危機予防・回復」においても中心的な活動である。中でも特に「法の支配」をめぐる支援活動は中核的な意味を持っている。たとえば、二〇〇八年からＵＮＤＰが三七カ国を対象に行っているのは、「危機の影響下および脆弱な状況における法の支配の強化のためのグローバル・プログラム」である。紛争後国や脆弱国においては、司法・治安のための制度を確立していくことが最重要の優先課題であるとの認識の下に、包括的な視点としての「法の支配」の観点から現地政府への支援を行っていくのが、この「グローバル・プログラム」である。

ＵＮＤＰの危機予防・回復局（Bureau for Crisis Prevention and Recovery：ＢＣＰＲ）と開発政策局（Bureau for Development Policy：ＢＤＰ）が二〇一二年に公表した報告書『平和のための統治――社会契約を確証する』は、平和構築の目的意識を持って、特に開発援助におけるいわゆるガバナンス支援を進めていくための指針を示したものである。そこで「社会契約」は、エリート層と市民との間の合意であると定義され、正当な公的権威が失われた脆弱国家の状況では、このような意味での社会契約を取り戻すことがまず重要になると、ＵＮＤＰは指摘した。そこでＵＮＤＰが重視するのが、平和構築のカギにもなる、統治体制の立てなおしである。

ＵＮＤＰによれば、複合的な問題が重なり合ってくる脆弱国家における統治体制の立てなおしの問題は、安定した国における民主化とは、質的に異なっており、長期的な取り組みが必要となる。必要になるのは、反応可能な制度、包括的な政治、危機への対応能力、国際機関・地域機構・市民社会組織などとのパートナーシップ、である。

また、現地社会のオーナーシップを向上させることに優る方法はないので、政府だけではなく様々な現地社会の組織の能力強化を図る支援が重要になる。脆弱国家の状況であればなおさら、国際的な代替施策を講じるのではなく、現地社会の人々の能力向上を通じた解決を促進する必要がある。このように、平和のためのガバナンス支援は、能力強化を目指した支援の重要性へとつながっていく。

†援助の政治性

なお開発援助の枠組みの中で平和構築に貢献する方法を検討する試みは、二国間援助の過程を通じても進められている。たとえば世界最大のＯＤＡの供与国であり、紛争（後）

国でも精力的に活動している米国の国際開発庁（US Agency for International Development：USAID）は、紛争地への援助に関する議論を数多く提供している。たとえば紛争評価の手法について、二〇〇五年に詳細な指針を策定しているが、二〇一一年にさらに改訂版を出すとともに、適用ガイドも公刊している。その内容は、開発援助に求められる指標化可能な評価技術だけでなく、「紛争解決学」というべき政治的要素も多分に含んだ評価分析手法も盛り込んだ包括的なものになっている。また、さらに踏み込んで、「変化のための理論と指標」といったテーマでの研究を推進していたりもする。

ちなみに日本では一九九〇年代はODA世界一の地位を享受していたが、二〇〇〇年代に入ってODA拠出額は低下の一途をたどり、現在は世界五位程度の地位に甘んじている。そのため日本国内ではあまり意識されたことがないが、その他の欧米の主要ドナー国は、二一世紀に入ってからむしろODA拠出額を増やした。アメリカのODA額は二〇〇〇年代のうちに日本のODA額の三倍以上にまで膨れ上がった。さらに、ドイツ、フランス、イギリスも、日本を抜き去るほどにODAを増額したのである。

このような欧米主要国の開発援助額の大幅な増加は、二〇〇一年以来「対テロ戦争」がこれらの国々を中心に遂行され、ODAがテロリスト勢力の伸長を防ぎたい国に対する重要な手段として認識されるようになったことが大きい。そうした背景があるために、アメリカを中心とする主要国は、国際機関を通じた多国間の枠組みだけでなく、二国間援助の枠組みを通じても、紛争(後)国への戦略的な開発援助の実施方法について精力的に議論を重ねているのである。ODAの総額を大幅に減らしている日本ですら、重点的支援国として優先的に資金配分しているのは、アフガニスタンなど、対テロ戦争を遂行しているアメリカを中心とする国々の意向にも合致した支援先である。

開発援助は、国際機関が実施する場合でも、任意の拠出金によって成り立つものなので、ドナー国の意向が反映されやすい構造的な仕組みを持っている。アメリカの対外援助の多くが、地政学的な国益により、イスラエルとエジプトという経済水準で見れば中位の国に流れていることは、よく知られている。しかし、それほどあからさまでなくても、援助国はそれぞれの援助政策について独自の指針を持っており、つまり自国の関心にそった政治的配慮をしていることは織り込み済みである。

開発援助が資金提供者側の問題関心によって大きく左右されるという点は、援助業界全体の性格をそのまま反映した実情であり、ほとんど論争にもならない自明の点である。より問題なのは、それでも世界的な問題認識と矛盾しない形で、効果的に援助を進めているかどうかということである。平和構築との連動性を考えると、この問いは、いっそう微妙な要素を持ってくる。

3　能力開発によって達成される平和

†落ちこぼれた地域

　ここまで見てきたように、近年の開発援助の分野では、紛争地（開発援助機関から「脆弱国家」あるいは「脆弱・紛争影響下の状況」と呼ばれる地域）に対して開発援助を効果的に進めるための方法への関心が高まってきている。この背景には、経済成長に力点が置かれていた伝統的な開発援助が、より「包括的」な方向へと新たに展開してきた経緯があるだろう。ただしそれは単なる短期的な流行のようなものではない。なぜなら国際社会全体に関わる大きな動向があり、それに対応するために開発援助が内容的な転換を遂げてきた中で、紛争地への援助についても研究が進んでいるからである。

　近年の紛争問題の分析では、三分の二近くの紛争経験国が、数年のうちに再び紛争状況に陥ってしまうとするデータがしばしば言及される。社会基盤が脆弱であるために紛争が発生するので、一度紛争が停止したとしても、脆弱な社会基盤に改善が見られない限り、また逆戻りしてしまう可能性が高いということである。このことは裏を返せば、紛争再発の悪循環とは無縁であったり、何とか悪循環から脱け出すことに成功したりした地域では、統計的に有意なレベルで紛争状況に戻る可能性が低いと言えるということである。

端的に言って、世界は二分化している。より具体的に言えば、現代世界では、発展途上国が二分化している。一つの世界は、人間開発指数が良好で、あるいは継続的な改善が見られ、武力紛争とも縁がなくなっている地域である。もう一つの世界は、人間開発指数が劣悪で、あるいはほとんど改善が見られず、武力紛争も蔓延している地域である。

ポール・コリアーは、これからの開発援助の課題は、一律に横並び式の発展をイメージするのではなく、様々な深刻な問題が複合的に集積している地域に生きる「底辺の一〇億人」をどうするか、という問題に還元されていくだろうことを指摘している。すでに第1章でふれたように、この状況こそが現代の平和構築活動に突きつけられている課題であり、開発援助を通じた平和構築においても取り組まなければならない問題の本質である。

二〇世紀の世界は、東西冷戦の政治的対立構造があったとしても、社会経済的な発展の観点から言えば、先進国と発展途上国に二分化された世界であった。脱植民地化の過程で生み出された新興独立諸国は、独立国家として存立する政治的・経済的・社会的基盤を欠いていた。そのため、早い段階で政治システムを整えて経済発展を遂げて国民の統一性を達成した諸国と比したときの「発展」の度合いには、格差があった。この格差こそが、そもそも開発援助という活動が、二〇世紀後半の世界において大々的な発展を見せた理由であった。

すでに第1章で概観した現代世界の武力紛争の状況は、経済発展の観点から見なおした際に、よりよくわかる部分が大きい。今日の世界では、開発援助の成果を享受し、順調な発展を遂げた諸国が数多くある。二〇世紀半ばには、アフリカよりも貧困度が高かった東南アジア諸国は、もはや発展途上国としての地位から脱却した。むしろ世界経済の成長エンジンとしての役割が期待されるに至っている。同様に、冷戦初期の東南アジアは世界の紛争の倉庫と言ってもよい状態であったが、今や目に見えて安定性を誇り始めている。

実はアフリカ大陸においても、同じような観点で見ることができる地域はある。その傾向が顕著なのは、南部アフリカ地域である。一九九〇年代初頭に南アフリカ共和国がアパルトヘイト体制から脱却し、政治的にも地域の指導的大国としての地位を確立するとともに、南部アフリカ地域に経済的恩恵とともに、政治的安定がもたらされた。南アフリカに隣接する内陸国で天然資源依存度の高いボツワナは、アフリカでは稀に見る政治的安定を基盤にして順調な経済成長を遂げている。一九九〇年代までは最も凄惨な武力紛争の事例となっていたアンゴラやモザンビークもまた、冷戦直後に穏便に独立を達成したナミビアとともに、政治的安定と経済成長の果実を享受している。東南アジアほどの力強さはないとしても、南部アフリカでは、正の方向での連鎖反応が地域全体で働き始めていると言うことが可能だろう。

ただし全てが順調だというわけでなない。たとえばアンゴラは、近年は二〇%をこえる高い経済成長を見せたが、それは主に中国からの援助による石油などの天然資源収入を基盤にしたものである。一九七九年以来、三〇年以上にわたって君臨しているドス・サントス大統領は、長い内戦を二〇〇二年の政府側の軍事的勝利で終わらせた後は、劣悪な腐敗指数や行政非効率指数の政府運営で知られるようになった。農村開発や、貧富の格差の解消は実現できておらず、「開発独裁」と「レンティア国家」あるいは「新家産制国家」の間で、揺れ動いているとも言える。

開発援助を通じて、安定的な発展を見せ始めた地域が、さらにいっそう望ましい発展を進めることができるように支援することは、引き続き必要であろう。しかし自律的な発展を遂げ始めた地域への開発援助は、もはやかなりの程度に補足的かつ追加的な支援という性格を帯び始める。

これに対して、サヘル地域を中心としたサブサハラ地域から、中東をこえて南アジアにのびる、本書が「紛争ベルト地帯」と呼ぶ地域は、単に紛争が多発し、再発しているだけでなく、社会経済的な発展の観点から見て、深刻な停滞にあえいでいる地域なのである。国際社会の開発援助は、これらの深刻な問題を複合的に抱える地域に対しては、そのような地域にふさわしい支援を提供していく必要性に直面している。

平和構築の視点から見た場合と全く同じように、開発援助から見た場合にも、現代世界には秩序の存続に関わりかねない挑戦が、ある特定地域から突きつけられていると言ってよい。世界の地表は「国民」と呼ばれる諸集団が覆っており、それらは全て独立した主権国家となるべきであり、政治・経済・文化のあらゆる面において、それらの国民国家が国際社会の基礎的構成単位になる、という二〇世紀に確立されたにすぎない考え方は、まだ現実には完成に至ったことがない。この未完の秩序形成運動が成功するか否かは、秩序からこぼれ落ちてしまう人々・地域の動向にかかっている。

†能力開発としての平和構築

二〇〇七年に国連事務総長に就任した潘基文は、二〇〇九年に『紛争直後の平和構築』に関する事務総長報告書を公表した。平和維持活動局の要素や、UNDPの要素が混じり合っているとも言われるが、オーナーシップを重視する原則や、文民による平和構築貢献の態勢の改善などの論点が提示された。特に能力開発に関する議論は、開発援助とのつながりが大きい部分になっている。

事務総長報告書を受けて、平和維持活動局長を長く務めていたジャン＝マリ・ゲエノを長とする「上級諮問グループ」が組織され、その報告書『紛争後における文民の役割』は、二〇一一年に公表された。この報告書は、『ゲエノ報告書』として知られるようになり、文民の国際職員のみならず、現地職員のあり方をめぐる議論に影響を与えている。

『ゲエノ報告書』は、「O・P・E・N」のキャッチフレーズを提示して、「Ownership（オーナーシップ）」、「Partnership（パートナーシップ）」、「Expertise（専門性）」、「Nimble-ness（敏捷性）」の概念を強調し、平和構築のための文民能力の向上の指針とすることを提言した。特にオーナーシップの強調にあたっては、現地社会の能力を最大限に優先して活かすことを考えて、現地の人々ができることを国際職員が代替しないこと、国際機関に現地社会の優秀な人々を吸い上げないように給与体系を設定すること、物資調達は極力現地社会で行うこと、など開発援助組織による観察と一致する点が、数多く取り入れられた。その上で、国連PKOが、UNDPや世界銀行などの開発援助機関と、特にガバナンス支援分野で、密接に連携していくべきことが謳われた。

『ゲエノ報告書』では、紛争後の状況で求められる五つの主要な活動分野があげられたが、そのうち安全・治安に関する分野は国連平和維持活動局が主導し、包括的な政治過程の分野は国連政務局が主導し、人道調整は国連人道問題調整事務所（OCHA：Office for the Coordination of Humanitarian Affairs）が主導する体制が示された。そしてガバナンス機能がUNDP主導で、経済回復が世界銀行の主導で進められるべきことが示された。ここでガバナンス機能に関わる活動としては、援助調整、腐敗対策、行政府支援、立法府支援、地方政府支援、公共政策改革支援、財政管理支援、都市計画などがあげられた。経済回復は、雇用創出、天然資源管理、民間産業振興、公共事業・インフラ整備などの項目があげられた。なおジェンダー問題は、UNDPが主導する能力開発それ自体と同様に、UN Womenの主導で、分野横断的な問題領域として、特筆されている。

このように開発援助分野で議論されている「脆弱・紛争状況での援助」は、平和構築側から見たシステムでも基本的に同じ内容で、平和構築としてのガバナンス支援や経済回復として位置づけられている。それらはいずれも、能力開発という大きな問題意識の中で位置づけられているのである。

平和構築の分野では現在、オーナーシップを重要原則として掲げながら、現地社会の能力強化によって平和構築を完成させるという考え方が強調される大きな流れがある。統治に関わる行政府職員・組織の能力強化などを重視する開発援助は、この平和構築の考え方に合致したものである。あるいは平和構築の考え方に大きな影響を与え、議論を主導してきたと言ってもよい。こうした意味において、開発援助は、平和構築の分野において主要な位置を占めるようになっている。

†平和構築という種類の開発援助

平和構築が対処しようとする紛争の要因は、複合的に絡み合い、「脆弱な」社会構造を作り出している。逆に言えば、そういった社会構造の改善が図れれば、その地域は「暴力の連鎖」から脱け出すことになる。複合的に「脆弱な」社会構造は、世界のいたるところに突然現れては消えるのではない。ある特定地域において、累年的に、「脆弱な」社会構造がいっそう深刻になっているのである。

開発援助機関は、特に複雑な事情を持つ地域においては、その複雑性をふまえた援助のやり方が必要であることを強調してきている。つまり平和構築の現場においては、平和構築の事情を最大限に加味してから、開発援助を行わなければならない。他の地域と同じやり方の開発援助では、平和構築としての開発援助にならない、ということが、一つの基本的な共通理解なのである。

これは単に、治安部門や法律部門の要員と開発援助組織の職員が、相互に協議して連携するべきだ、ということを意味しているのではない。平和構築としての開発援助は、単なる通常の開発援助とは質的に異なる、ということである。開発援助に、通常の場合と、平和構築としての場合と、二種類がある、ということなのである。

なぜそこまでして開発援助は、紛争地域に入っていかなければならないのか。この問いは、日本国内で開発援助を考え、開発援助をマニュアルに沿って実施すべきものだと信じる人々が抱きがちな疑問であろう。開発援助を通常の開発援助のやり方で行うほうが、開発援助を通じて得られる効果は高いだろう。つまり投入する資金の総額に対する効果の総計を高めたいのであれば、期待できる地域に集中的に資金投入したほうがよいだろう。したがって、実利的な観点からは、危うい要素が大きい平和構築という種類の開発援助は、なるべく避けたほうがよいことになる。少なくとも、目に見える効果のアピールのためには忌避したほうが効率的である。

それでもなお国際機関や各国機関が、平和構築の現場で開発援助を行い、平和構築の観点から開発援助のやり方を変えたりすることに熱心なのは、なぜなのだろうか。

こうした問いに対しては、ドナー国側の政治的関心を参照するのが、一般的だろう。政治的関心にもとづいて、ドナー国は援助先および援助方法を決定する。援助の効果をよく見せることも重要だが、自国にとって援助の提供が意味を持つと思われる地域に援助を提供することもまた、重要である。

さらに大きな視点で言えば、すでに本書の議論を通じて見てきたように、そもそも開発援助は、二〇世紀後半に生まれた格差社会としての「普遍的国際社会」の構造的な矛盾を克服するために導入された活動である。今や開発援助は所得格差のような単なる経済的な格差だけではなく、社会的待遇の面での格差の是正のためにも用いられている。そして健全な統治機構を持っているか、武力紛争が蔓延していないかどうか、という政治面・治安面から見た際の格差の是正にも用いられている。これらは全て「普遍的国際社会」の秩序維持の観点から進められていることであり、この意味で、開発援助とは現存の国際秩序が崩壊しないように調整を図るための活動なのである。

近代と呼ばれる時代になって以来、人類は「発展」を目指してきた。そして普遍的国際社会の時代になって以来、全世界で「発展」が求められるようになってきた。この長いプロセスは、短期間の努力で収束していくようなものではない。当面の間、国際社会の開発援助の活動に終わりが来ることはなさそうである。そして平和構築としての開発援助にも、終わりが見える気配はない。

第6章

人命救助は平和をつくるのか？——人道部門の平和構築

本章では、主に緊急状況下での人道支援と、平和構築の関わりを考える。人道支援は、それ自体が大きな国際協力の一分野を形成している。一九八〇年代後半から、冷戦終焉後の世界において、急速に拡大した業界である。ある意味で最も劇的に近年の国際協力分野の変化を象徴しているのが、緊急人道援助の活動である。人道的な惨禍が国際的な注目を浴び、国際的な注目が巨大な援助活動を可能にし、巨大な援助活動が現地社会のあり方を変えていってしまうという流れは、冷戦下の世界では想像もできなかった規模で、政治・経済・文化に大きな影響をもたらす巨大な援助産業を作り出した（図5参照）。

緊急人道援助は、まだ紛争後の社会のあり方が見えない段階で巨大な資金を動かして介入するものであるがゆえに、現地社会の状況を大きく変えてしまう可能性を持っている。もちろん良い方向にも、悪い方向にも、変えてしまう。たいていの場合には、人道援助は人道的な観点から見れば良いものである。だがそれでも、人道援助が、副次的な害悪を全く作り出さないまま遂行されることは、むしろ想像しにくい。同じ紛争地域で活動するにもかかわらず、人道的な支援と平和構築とは基本的に別個の目標を持つ。だからこそ、人道援助は、平和構築との間に、鋭い緊張関係を持つことになる。

緊急人道援助は、突発的な危機に対応するものであるがゆえに、あまり歴史的な展開を持たないものであるかのように考えられている。しかし実際には、時代の移り変わりに最

図5　国際的な人道援助総額の推移

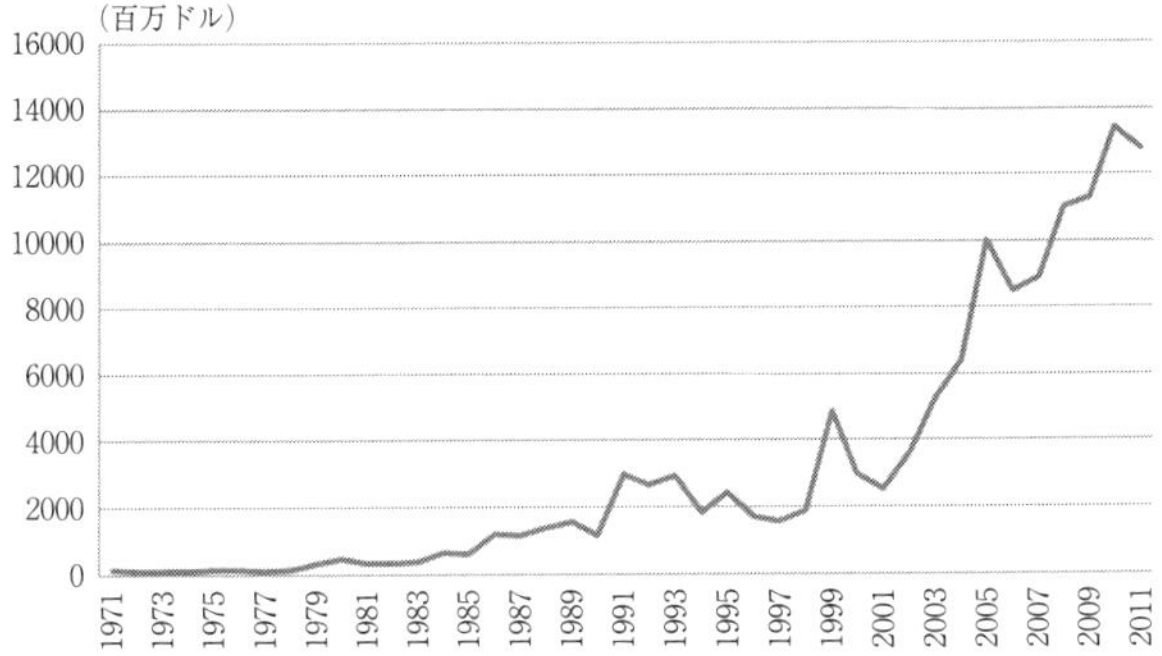

（OECD-DACのデータを参照して、篠田英朗・秋元悠が作成）

も敏感なのが人道援助であると言ってもよい。本章では、特に二〇世紀後半以降の人道援助の歴史的展開を追いながら、人道援助がどのように平和構築の問題と関係するようになり、また緊張関係を持つようになったのかを論じていく。

1　人道援助の展開

†近代における人道主義の要請

他者に対する人道的な見地からの援助の活動は、人類の歴史とともに進展してきたと言ってよいだろう。人類の歴史には天災・人災の苦難があふれているが、名前が残っているかどうかは別にして、他者を救援するための人道的な活動もまた、同じようにあふれているだろう。ただし歴史に記録されている人道的活動の歴史は、一九世紀後半の戦場における負傷者救援活動から語られることが多い。

一八五四年クリミア戦争時のフローレンス・ナイチンゲールの傷病兵看護活動とその後の病院施設充実のための運動、一八五九年ソルフェリーノの戦いでの傷病兵救援活動を契機にして国際赤十字委員会の立ち上げに尽力したアンリー・デュナンが有名である。なぜ一九世紀後半から敵味方の区別なく戦場で救援活動を行う人道援助活動が発展していったのかと言えば、産業革命の結果である武器技術の進展により戦争被害が深刻化した要因をあげることもできると思われるが、国民国家化現象によって傭兵ではなく、職業軍人ですらないような階層の人々が戦場で兵士として戦う時代になったことも大きいだろう。そしてその現象は、今日まで続いている。

現代国際社会において重要性を増し続けている国際人道法の起源とも言える一八六八年の「サンクト・ペテルブルク宣言」は、四〇〇グラム未満の炸裂弾・焼夷弾の使用禁止といった技術的禁止事項を含んだ内容を持つが、「不必要な苦痛の禁止」、および「戦闘員と非戦闘員の区別」という今日まで続く国際人道法の原則を導き出す性格を持っていた。「サンクト・ペテルブルク宣言」は、「戦時において諸国が達成しようと努める唯一の正当な目的は、敵国の軍隊の弱体化である」と宣言した。そしてこの「目的を達成するためには、できる限り多くの者の戦闘能力を奪えば足りる」。したがって「すでに戦闘能力を奪われた者の苦痛を無益に増大させ、またはその死を避け難いものにする兵器の使用は、この目的の範囲をこえる」ので、そのような兵器の使用は「人道の法（lois de l'humanité）に反する」ということになるのだという。

この明快な論理は、その後約一世紀半以上にわたって進展し続けた国際人道法の中で、常に中核的な哲学であり続けた思想を言い表している。戦争における唯一の正当な目的が敵国の軍隊の弱体化であるという「軍事目標主義」が貫かれるならば、戦闘能力を奪う以上の苦痛を与える武器の使用は「人道の法」に反するし、（もはや）戦闘員ではない者に苦痛を与える攻撃の仕方もまた「人道の法」に反するということになる。

一八九九年ハーグ平和会議の成果であるハーグ陸戦条約（「陸戦法規慣例」）の有名な「マルテンス条項」の文言に倣えば、あらゆる行為は「確立された慣習、人道の諸原則及び公共の良心に由来する国際法の原則にもとづく保護並びにこのような国際法の原則の支配の下に置かれる」。「マルテンス条項」は、具体的な条約による規則がない場合であっても、「人道の諸原則」は適用されるということを宣言したもので、国際人道法の普遍主義的性格を象徴するものとして知られている。「ヨーロッパ国際社会」が、帝国主義の時代を通じて、地理的には普遍的になっていく過程において、普遍的な価値規範も必要となり、国際人道法の普遍主義的な地位も認められるようになったのである。

産業革命以降の技術革新によって新しい兵器が次々と開発されていく時代に入り、またフランス革命以降の職業軍人と一般人の敷居が低くなる国民国家化現象が顕著な時代に入り、負傷した戦闘員に医療を施すこと、および不必要な負傷者・犠牲者を予防することについての問題意識が高まった。望ましい形で戦場での振る舞いを管理するためには、「軍事目標主義」を規範的な原則として諸国に徹底させることが必要だと考えられた。こうして国際人道法の誕生と軌を一にする形で、戦地での人道援助という問題領域が生まれることになった。

ただし、実際には、約一世紀半をかけてもなお世界各地での国際人道法の遵守を達成することができていないという事実は、「軍事目標主義」の原則が持つ限界を示している。そのような原則では、実際の武力紛争の当事者が持つ考え方の必ずしも全てを説明できない。むしろ「軍事目標主義」それ自体が、一つの規範的なメッセージであるだろう。

すでに一九世紀プロイセンのクラウゼヴィッツは、戦争に人道主義の考え方を持ち込むことに否定的であった。「戦争は他の手段による政治の継続にすぎない」と述べたクラウゼヴィッツに倣えば、「軍事目標主義」それ自体が極めて人工的な発想であった。クラウゼヴィッツ流に言えば、軍事力とは常に政治的目的のために用いられるのであり、当事者がどのような政治的目的を達成するために軍事力を行使しているのかという分析を度外視して、単に軍事目標主義を一つの原則として導入することは、単なるまやかしにすぎない。二〇世紀の主要な史実だけを見るならば、クラウゼヴィッツは正しかった。二〇世紀を通じて、ますます凄惨になっていく戦争が、絶え間なく続いた。戦争は軍事目標主義にしたがって行われるどころか、無数の国際人道法違反行為を生み出し続けた。

しかし、それでも国際人道法の考え方も消滅することなく存続した。特に冷戦終焉以降の時代にはさらに劇的な復権を果たした。それと軌を一にして、次々と発生する戦争のような緊急事態に対応するための人道援助もまた、劇的な発展を遂げていくことになる。緊急事態が発生し続ける世界にあって、人道援助は次々と新しい活動地を見つけていくことになるのである。

緊急人道援助の思想

今日にいたるまで大規模な人道援助活動を行っている団体のうち、国際赤十字委員会は一九世紀の戦場医療に起源を持つ。赤十字社のネットワークは、イスラム圏の赤新月社《せきしんげつしゃ》ともあわせて、全世界に広がった。だが今日の世界で活躍する団体の中でも、そこまで長い歴史を持っている団体はまれである。

セーブ・ザ・チルドレン（Save the Children：ＳＣＦ）は、一九一九年に第一次世界大戦後の混乱の中に置かれた中欧諸国における子どもたちを救援することを目的にして設立された。その他の今日の人道援助活動で中心的な役割を担う組織の多くは、第二次世界大戦中または終戦直後に発生している。民間セクターでは、イギリスで生まれた巨大ＮＧＯ・ＯＸＦＡＭ、アメリカで生まれた巨大ＮＧＯ・ＣＡＲＥなどが、第二次世界大戦後の苦難に喘《あえ》ぐ欧州の人々を救済するためにつくられた団体である。人道援助にあたる国連機関も、言うまでもなく第二次世界大戦後に誕生した。国連難民高等弁務官事務所（ＵＮＨＣＲ：Office of the United Nations High Commissioner for Refugees）、国連児童基金（ＵＮＩＣＥＦ：United Nations Children's Fund）、世界食糧計画（ＷＦＰ：World Food Programme）などの主要機関が該当する。

ただしこれらの諸機関が、今日われわれが知っているのと同じ緊急人道援助活動を、設立当初から行っていたわけではない。これらの諸機関は、二〇世紀末に至るまでの時代に、段階的に活動の裾野を広げていった。人道援助分野において進展した新しい波に押された形で、現在のように変化していったのである。

民間セクターの第二の波は、一九六〇年代末の学生・大衆運動の中から生まれた。パリ大学医学部生であったベルナール・クシュネルらは、ナイジェリアで発生したビアフラ紛争（一九六七〜一九七〇年）を目撃して、外交的関係を重視する政府間対応の限界を痛感し、独自の医療支援活動を行った。彼らは一九六八年にいわゆるパリ五月革命を起こしてド・ゴール政権を倒したのと同じ層の学生たちであった。彼らが中核となって設立されたのが、新しい世代のＮＧＯ「国境なき医師団（Médecins Sans Frontières：ＭＳＦ）」である。ＭＳＦを一躍有名にしたのは、受入国政府の意向にかかわらず緊急医療援助を行うという、ビアフラ紛争時の医療援助で培われた介入主義的行動であった。

「ビアフラ紛争」とは、一九六〇年に独立した西アフリカの地域大国であるナイジェリアが、豊富な原油資源を持つ東部の独立の動きをめぐって、内戦に陥った事件である。東部はイボ族と呼ばれるキリスト教徒主体で教育水準・経済水準も高い人々の居住地域であった。ナイジェリアでは一九六六年から、イボ族系の軍人と、イスラム教徒主体で北部に居住するハウサ族系の軍人とが、クーデタと粛清を繰り返し、結果として一万人とも言われるイボ族の人々が殺害されるという騒乱が起こった。そこでイボ族のオジュク中佐を中心とする人々が東部地域に「ビアフラ共和国」という独立国を樹立する宣言を行った。中央政府の連邦軍は激しい攻撃を東部地域に加え、一九六八年にはビアフラを包囲して物資・食糧の輸送を遮断したため、東部地域は悲惨な飢餓状態に陥ることになった。

ビアフラ紛争では、戦争による直接被害だけではなく、飢餓や病気による間接被害者を含めると、一五〇万人以上の犠牲者が生まれたと言われる。脱植民地化の流れでドミノ現象のようにアフリカで次々と新興独立諸国が生まれた後、少なくない数の国々がナイジェリアのように部族・資源・宗教などをめぐって紛争状態に陥った。

アフリカの新興独立諸国は、ひとたび独立してしまえば、ヨーロッパ人によって人工的に設定されたにすぎない国境線の内側で矛盾が顕在化してくる。多様な部族・宗教・地域意識と、中央政府権力の暴力的手段による奪取という問題は、過去半世紀のアフリカ諸国の混乱の基本的な性格を説明する。ビアフラ紛争は、第二次世界大戦後の新しい国際秩序の形成の中で生まれた内戦であり、その後の多くの武力紛争の先駆けとしての位置づけを持つものであった。

当時、ビアフラ側を支援していたのは、南アフリカ共和国と並んでフランスであったが、大多数の諸国はナイジェリアの内政問題として関与を避け、事実上は連邦政府側につく態度をとった。その一方で、国際世論は飢餓に苦しむビアフラ共和国に同情的であった。そこで主権国家への内政不干渉という原則をこえて、人道援助を提供するための援助介入を行うことへの理解も生まれるようになったのである。

もともと若い世代には、国際赤十字などがナチズムの台頭の時代においても声をあげなかったことなどから、既存の人道援助のあり方を疑問視する雰囲気があった。既存の人道援助団体への批判の声をあげると同時に、純粋な人道主義の思想にもとづいた行動をとりたいという運動が、いわゆるNGOの範疇に属するような団体を、緊急人道援助へと駆り立てていった。

MSFは、一九七九年にベトナムのボートピープル救援問題などをめぐって、政治的アピールを重視してMSFを去るクシュネルらと、組織基盤の確立を目指してMSFに残る者に分裂した。ただしそれも今日多くの記録が残されているような思想的立場をめぐる路線対立として、分裂したのである。人道援助の思想について、政治問題との距離の置き方も視野に入れながら、哲学者なども含む知識人たちと議論を行い、論考を発表することのできる専門家集団の登場は、緊急人道援助の新しいイメージを世界中に振りまくのに十分であった。

†大衆運動としての人道援助

一九六〇年代末は、主要な先進国で「ベビーブーマー」たちの「若者の反抗」の嵐が吹き荒れ、ウッドストック野外コンサートなどに象徴される「対抗文化」に集まった支持が、ベトナム反戦運動も巻き込んだ既存の社会体制への異議提唱の運動などに流れ込んでいった時代であった。新しい形態の介入主義的な人道援助が台頭したのは、そうした時代の雰囲気の中においてであった。既存の国際社会体制を維持しようとする勢力と、新しい人道援助の運動を求める若者たちの相克を象徴するものとしてのビアフラ紛争は、人道援助団体の国際的な認知度や獲得する資金額などだけでなく、その使命感に対しても、飛躍的な変化をもたらす契機になった事件であった。

人道主義の価値規範を掲げて紛争地にも介入していく態度に、既存の国際秩序の矛盾への異議提唱の含意があったとすれば、人道援助の主流化は、冷戦体制の終焉とともに進んだと言ってよい。エチオピアからソマリアにかけてのアフリカの角《つの》の地域が、冷戦体制下の典型的な「代理戦争」を繰り返して疲弊した上に、一九八〇年代半ばに深刻な飢饉に陥った際、既存の国際秩序体制に飽き足らない人々は、民間主導の対応の流れを作り出した。「対抗文化」であったはずのポピュラー音楽家たちが集まってチャリティー目的で英国・米国で発売したレコードが記録的な売り上げとなった。さらに空前の規模で行われたコンサート「ライブ・エイド」は、一億四〇〇〇万ドルの収益金をアフリカに振り向けることに成功した。

アングロサクソンの世界の「チャリティー」と呼ばれる民間団体と、フランスの知識人たちがつくりあげた思想的な新しい民間団体は、多様性を内包しながら一つの大きなうねりを作り出し、冷戦が終わる頃までには、人道援助の業界を拡大させていった。そして人道援助活動は、新しい挑戦を求める世界の知的な若者層にとって魅力ある業界へと変貌、発展していった。また今日に至るまで、大衆にアピール力のある有名人（セレブリティー）の多くが、援助業界に関心を抱き、業界に華やかさをもたらすような傾向は続いている。人道援助は、欧米諸国を中心とする先進国の若者文化の中に入り込み、大衆運動化したのである。

民間主導の国際緊急人道援助は、冷戦終焉後に一気に拡大していくが、その下地は二〇世紀後半の歴史の中で展開してきていたと言えるだろう。二〇世紀後半の「普遍的な国際社会」は、主権国家原則を全世界にあてはめる秩序を持っている。それは、世界各地の民族国家が、それぞれの領土の中で排他的な統治を行うというシステムである。

この仕組みが強固に適用される限り、国際的な人道援助の活動範囲は、純粋な要請主義によって制限される。つまりお願いされればやるかもしれないが、お願いされなければやらない、というだけのことになってしまう。人道的価値を守るためには介入的態度も正当化されるはずだ、という信念に裏づけられて初めて、一人ひとりの人間の命を救うための緊急人道援助は強く推進される。国家の内政不干渉を絶対視する立場は、しばしば積極的な緊急人道援助とは矛盾する。

人道援助業界の脱皮と拡大は、既存の硬直的な国際社会の秩序に対する批判的な視線と結びつくことによって、思想としての、あるいは運動としての、推進力を得たのだと言ってよい。ただし、人道援助組織は常に巨額の資金を必要とするため、大衆運動では足りない部分は、公的機関との協働によって、つまり政府からの資金提供を受けて、行わなければならない。政府機関が、華やかな人道援助の業界との親密さをアピールしたくなればなるほど、人道援助組織のジレンマも高まる。

2 人道援助活動の光と影

†冷戦終焉後の世界における変容

冷戦終焉後の世界においては、平和維持活動も、戦争犯罪法廷も、開発援助も、大きく変容した。人道援助も例外ではない。実はそれどころか、ある意味で、最も劇的に国際秩序の変化を敏感に受け止めたのが、人道援助の分野であったと言うこともできるかもしれない。

冷戦が終焉した直後に起こった国際的大事件は、一九九〇年のイラクのクウェート侵攻であり、イラクをクウェートから排除することを目的にして起こった一九九一年の湾岸戦争であった。この戦争自体は、多国籍軍の圧倒的な勝利に終わったわけだが、弱体化したサダム・フセイン体制の打倒を目指して武装蜂起したクルド人およびシーア派勢力が、戦争中に温存されていたフセインの大統領警護隊などによって暴力的に鎮圧されるという事態が、戦争の終結宣言の直後に発生した。そこで多国籍軍に参加した世界の主要国をはじめとして、国際社会が威信をかけて人道援助に乗り出さざるをえなくなった。

決定的だったのは、北緯三六度以北の飛行禁止区域（No Fly Zone）の設定である。湾岸戦争後もサウジアラビアに駐留し続けた米軍は、圧倒的に優位な航空兵力を背景にして、イラク北部にフセイン政権のイラク軍が入ることを禁止した。国連安全保障理事会決議の拡大解釈を根拠にしていたとはいえ、一つの主権国家の中におけるその国家の政府の活動を制限したわけであり、歴史的にも類まれな措置であったと言える。これによってフセイン政権の統治は、イラク北部のクルド人居住地域には及ばなくなった。そして米軍を中心とする諸国の軍事力を背景にしながら、イラク北部には空前の規模の人道援助が入ることになったのである。

このとき、国連の人道援助機関は、国連とイラク政府との間で合意を結んで活動した。しかし戦後の特異な軍事環境の中で、人道援助介入を行ったことは間違いない。UNHC

Rは、弁務官に就任したばかりの緒方貞子の下、難民ではない「国内避難民」への大規模な支援活動の前例を作り出した。また、特定国の軍事力による事実上の保護の下、人道上の目的を正当化理由とした介入行動に踏み切ったという点で、人道支援と軍事力との間の複雑な関係を示す先行例ともなった。

イラク北部における「安全地域」の設定は、大規模な人道援助を可能にし、クルド人たちの苦難を軽減する効果をもたらしたと評価され、一般には成功した政策であると認識されるようになった。そのため一九九二年に旧ユーゴスラビア連邦共和国のボスニア・ヘルツェゴビナで内戦が勃発した後にも、「安全地域」の設定が国連安全保障理事会に提唱されたりしたのである。結果として、国連安保理によって、スレブレニッツアを含む六つの町が「安全地域」として指定されることになった。

しかし「安全地域」の設定に十分な防御措置が講じられることなく、一九九五年にスレブレニッツアにセルビア人勢力の部隊が侵入してきたとき、国連平和維持部隊のオランダ軍は、なすすべもなく撤退するしかない状況に追い込まれた。結果として、約七千人とも言われる主にモスリム系のボシュニャック人が虐殺の対象となった。スレブレニッツアは、代表的な国連PKOの失敗例であり、実際にスレブレニッツアを含む「安全地域」に設定された町が効果的な人道援助の拠点となったわけではなかった。

ボスニア紛争においては、サラエボのセルビア人勢力による包囲が、人道的な危機の印象を広めていた。サラエボは紛争初期の一九九二年四月から「デイトン合意」締結後の一九九六年二月に至るまで、セルビア人勢力のユーゴスラビア人民軍によって包囲され、陸上による物資供給が不可能な状況に陥った。サラエボでは包囲開始の前後の時期にたびたび反戦・平和のデモが行われたが、ことごとく狙撃兵による攻撃に遭って死者を出すに至った。またセルビア人勢力に占拠された地域で民族浄化に協力しない者は、セルビア系であるかどうかにかかわらず粛清の対象となった。そしてサラエボを囲む丘から市民が無差別に狙撃される状況が報道されるに至り、欧州諸国を中心に、国際社会の関心は大きく喚起された。

そこでサラエボ空港を国連が人道的援助物資の輸送に用いることになり、国連平和維持軍（国連保護軍：United Nations Protection Force：UNPROFOR）は、人道援助空輸作戦および援助輸送を支援するために展開することになった。ジュネーブのUNHCR本部に設置された空輸司令部には、各国の空軍将校が空輸専門家として出向して勤務した。かつて東西冷戦の勃発で封鎖された西ベルリンに対して一九四八年から四九年にベルリン空輸という大規模な物資援助輸送作戦が遂行されたが、冷戦終焉後の世界では、国連の人道援助機関の主導の下で、軍事組織・要員が協力をするという形態で、長期にわたる人道援助空輸作戦が遂行されたのである。このことは、一九九〇年代の新しい人道支援の前例として記憶されることになった。

ボスニア紛争をめぐって国連の威信は大きく傷ついたが、それは紛争解決のために何ら有効な手段を講じることができなかったためであった。したがってボスニアは、人道援助活動の失敗としては、記憶されていない。しかし実際には、人道援助機関の活動は、軍事組織との協力関係を前提にして行われたのであり、つまりPKO部隊ですら、人道援助活動の継続には不可欠な支援を提供したことで、人道援助面から評価されるのである。

このパターンは、国連活動の明白な失敗として歴史に記録されている一九九二年以降のソマリアでの活動についてもあてはまる。国連ソマリア活動Ⅰ・Ⅱ（United Nations Operation in Somalia：UNOSOM I/II）およびアメリカ主導の人道支援を目的にした「希望回復作戦」は、内戦と飢餓に苦しむソマリアの人々への物資援助という観点からは、成果を出した。ただしアメリカ軍が現地武装勢力のアイディード将軍の態度に業を煮やして捕獲作戦に乗り出して失敗し、かえって一八名もの海兵隊員の死者を出してしまったことは、アメリカと国連との関係に巨大な影響を与える政治的事件として記憶された。そしてアメリカの撤収によって、後ろ盾を失った国連の活動も危機に陥ってしまったことは、国連の平和執行活動の能力的限界がさらけ出された事件として、記憶されることになった。

こうした一九九〇年代前半の一連の事件は、かえって人道援助の重要性を引き立てる効果を持った。国連およびアメリカの軍事・政治活動面での限界は、人道援助だけでも継続して実施することの意義を際立たせたのである。人道援助を行うことこそが、紛争対応を迫られる国際社会の失ってはならない良心の最後の砦であった。ある意味で、国連PKOの失敗が相次いだ一九九〇年代前半は、国際的な人道援助が最も輝いて見えた時期であったとも言えるかもしれない。

したがって紛争の根本的な解決を目指す平和構築の観点から見ても、人道援助は困難な状況においてもなお国際社会が提供する必須支援分野であり、むしろそこから紛争解決の糸口を見出していくことができる重要活動と考える見方も出てくるようになった。つまり人道援助を行いながら、破滅を回避して和平合意を結ぶ契機を探していこうという見方、紛争当事者の穏健な態度を引き出して和解のための材料としていく方法を模索していこうという見方、そして少なくとも紛争後復興の担い手となる人材や制度が死滅したり国外逃亡したりしないように守っていこうという見方である。

こうした平和構築の観点からの人道援助の位置づけは、今日においても大きな有効性を持っている。ただし、歴史的流れからすると、一九九〇年代後半からは、人道援助と平和構築との親和性だけでなく、緊張関係もまた、特筆される時代に入っていくことになる。

†人道援助の害

一九九四年に発生したルワンダ大虐殺は、八〇万人とも言われる犠牲者をルワンダ国内で出す人類史に残る惨事となった。しかし援助対象となった人道的危機は、むしろ大虐殺の後に始まった。大虐殺の首謀者である政府側に対抗して軍事攻勢をかけていた反政府勢力のルワンダ愛国戦線（RPF）が首都キガリを制圧し、やがてルワンダ全土を軍事的に掌握するに至ると、一〇〇万人をこえる難民がザイール（現在のコンゴ民主共和国）やタンザニアなどの周辺国に流出したのである。難民キャンプでは生活物資が不足していただけでなく、コレラが蔓延したため、多数の死者が発生し、あらゆる形態の緊急人道援助が必要とされるに至った。

緊急人道援助への高まる関心と、ルワンダ大虐殺の衝撃があわさって、ルワンダ大虐殺に対して何の手段も講じることができなかった国際機関や各国政府だけでなく、多くの民間団体も、良心の呵責を払拭するためであるかのように、大規模な難民支援活動に乗り出した。空輸活動を行うために、各国の軍事組織も動員され、日本の自衛隊も人道援助活動に参加した。ここまでは、一九九〇年代前半に見られた国際社会の良心の最後の砦としての人道援助活動のもう一つの栄光の記録である。

ただし事態が複雑な様相を呈し始めたのは、ルワンダ難民たちが大虐殺の首謀者である旧政府関係者によって支配されていることが明らかになったときである。援助物資は税金として徴収され、あるいは貯蔵庫から収奪され、売却されて旧政府関係者の資金源となった。彼らはルワンダ国内に軍事攻勢をかけて、ＲＰＦを駆逐することを狙っていたので、親密なザイール国内勢力を通じて資金は瞬く間に武器に換えられていった。援助団体は、威嚇され、旧政府関係者の息のかかった人物で、援助物資を略奪することしか考えていない者たちを雇用するように迫られた。当時のザイールは、その腐敗度において世界に名をとどろかせていたモブツ大統領によって統治されており、給与を受け取っていない軍隊の兵士たちは別の略奪集団にすぎず、治安維持機能の発揮をザイール政府に期待することは不可能であった。

国際人道援助は、単に犯罪者たちを救援し、援助物資の略奪を黙認しただけでなく、大多数の難民たちが搾取される不正な統治構造を助長し、さらには大虐殺の首謀者たちが再びルワンダ国内に戻って悪事を重ねるための準備を間接的に支援していたのである。

ルワンダ難民キャンプの劣悪あるいは腐敗した統治構造は、国連や他の諸国による平和活動の不備として記憶されている。後に国連事務総長になる当時国連本部の平和維持活動局長であったコフィ・アナンは、難民キャンプの治安維持を民間軍事会社に委託することも検討したと後に述懐した。しかし国連PKO活動の限界というだけであれば、すでに世界各地で顕在化していた問題ではあった。ルワンダ難民キャンプの状況が質的に異なる深刻さを帯びていたのは、今や国際社会の良心の最後の砦である人道援助活動の正当性にまで、根源的な疑問を投げかけざるをえない状況が発生していたという点である。

MSFフランスは、人道援助がもはや善よりもより多くの害悪をもたらしていると判断し、ルワンダ難民キャンプでの活動から撤退をする決断をした。この決断については、称賛する見方から、批判する見方、うがった理解をする見方まで様々な意見がある。だがいずれにせよ、人道援助業界に、常に絶対的な善であるかのようにみなしていた自分たちの活動を反省的に捉えなおす根源的な議論を喚起したという点において、重大な意義を持つものであった。「Do No Harm」原則の重要性が広く共有されるようになった一連の議論が生まれたのも、ルワンダ難民キャンプの人道援助の困難からであった。

†害を与えない原則

「Do No Harm」原則は、今や援助業界では「DNH」の略称でも理解しあえるようになっているほどに知られている。これは一九九九年に出版されたメアリー・アンダーソンの書物の題名『害を与えるな（Do No Harm）――どのように援助は平和あるいは戦争を手助けするか』でもある。アンダーソンは、まさにルワンダ大虐殺後の周辺国の難民キャンプの状況を決定的な事例として説明しつつ、人道主義的精神で進められる援助が、時には平和を阻害し、戦争を助長する結果を招いていることがあることを明らかにした。アンダーソンは現場をよく知る人道援助者であり、その体験から、「人道主義を追求するだけで満足するのではなく、人道援助によって副次的に害を与えていないかについて敏感であれ」というメッセージを発したことが、非常に広範な人々への訴えかけとなったのである。「Do No Harm」の警鐘は、すでに見たように、OECD-DACが掲げる指針にも入るほどに、開発援助の業界にも大きな影響を与えた。ただそれだけに、今日では、非常に重たいメッセージが捉えられていない傾向もあるかもしれない。非常に最近に援助業界に入ってきた若い世代の人々は、「なぜ人々を支援しようとするのに害を与えるなどということが起こりうるのか」、といった疑問を持つことすらあるようである。

しかし「Do No Harm」原則の衝撃は、人道援助者が十分に誠意を持って活動しているかどうか、という浅いレベルで発生するものではない。誠意を持って人道援助にあたれば、害を与えるはずはない、というメッセージではなく、誠意を持って人道援助にあたればあたるほど、害を与えることもあることに注意せよ、というメッセージなのである。

人道援助が害を与えるパターンとしては、援助物資の盗難を許して武装勢力に利益提供すること、大量の援助物資で地場経済を歪曲化させること、分配がもたらす現地集団の関係に悪影響を及ぼすこと、援助依存を作り出して現地政府の無責任体質を助長すること、不適切な現地勢力の援助活動への結託を許して実態として不正行為を正当化してしまうこと、などがあげられる。これらの全ては、人道援助組織が腐敗した活動を行うことによって発生するのではない。むしろ人道主義にそった目的を少しでも多く達成しようと努力するあまりに、困難な状況の中で副次的に生み出してしまう害悪なのである。

純粋に人道援助活動だけをするのであれば、政治的関心にもとづいて、現地の人々を範疇化してみたりする必要はない。しかし現実には、援助対象としている人々の中には、友・敵の関係に分かれている者たちが含まれており、暴力的手段の保持にもとづいて威嚇する者や搾取される者が含まれており、善良な子どもたちや重大な戦争犯罪人たちが含まれている。過酷な政治的現実を前にして、純粋な人道主義を貫くことは、英雄的行為であるかもしれないが、はた迷惑な自己満足であるかもしれないのである。

アンダーソンが劇的に論じた「Do No Harm」の問題提起が伝えようとするメッセージは、人道援助の目標と、平和構築の目標は、異なっている、という根源的な問題である。人道援助を効果的に進めたからといって、自動的に平和を推し進めることにつながるという保証はない。むしろ両者は鋭く対立するかもしれない。人間の命を救う人道援助と、社会の安定を図る平和構築とは、全く異なる次元で行われる活動である。しかしその異なる目標を持つ異なる次元の活動が、物理的には同じ場所で同じ時間に入り乱れながら進められるかもしれないところに、問題の複雑性がある。

いわば「Do No Harm」原則とは、自分が掲げる人道援助の目標に一〇歩近づくために、平和という目標に向かって進んでいる人を一〇歩後退させることが許されるか？　という問いのことである。もし自分が一〇歩進むために、他人がただ一歩を失うかもしれない恐れがあるだけだとすれば、あえて勇気を持って一〇歩進んでみるべきかもしれない。しかし他人に二歩失わせるとしたら？　あるいは七歩失わせるとしたら？　あるいは二〇歩失わせるとしたら？　と問いを進めていくならば、「Do No Harm」原則が、極めて困難な倫理的判断の必然性を示すメッセージであることがわかる。

ルワンダ難民キャンプは、実際のところ、国際機関にも、各国政府にも、改善策をとることができない状況にあった。激しく人道援助組織を非難し、事態打開の行動をとったのは、ポール・カガメに率いられたルワンダ政府であった。

一九九六年にカガメはザイールに軍事介入し、難民キャンプを強制的に解体した。詳細は明らかになっていないが、フツ系ルワンダ人の二〇万人がこのときにルワンダ政府軍によって殺害されたとする見解もある。残りの大多数の難民は、強制的にルワンダ国内に帰還させられた。あるいは帰還の途中で失踪した。

カガメは、さらに大々的なルワンダ国軍の肩入れの下に、ザイール東部でローラン・カビラに率いられた反政府勢力の武装蜂起を支援した。一九九七年にモブツ政権は倒れ、新たにコンゴ民主共和国が樹立された。しかしこの「第一次コンゴ戦争」は、一九九八年から二〇〇三年にかけての「第二次コンゴ戦争」も引き起こし、ウガンダ、アンゴラ、チャド、ナミビア、ジンバブエ、スーダン、さらにはそれぞれの国の反政府勢力を直接的・間接的に巻き込んだ「アフリカの世界戦争」へと発展していった。

驚くほど日本では知られていないのだが、この一連のコンゴ民主共和国をめぐる戦争は、餓死・疾病その他の複合的な要因による死者もあわせると、五〇〇〇万人から六〇〇〇万人もの犠牲者が出たと言われる空前の被害をもたらした戦争であった。

人道援助活動は、コンゴ民主共和国に対して行われなかったわけではない。しかしかつて大虐殺首謀者によって利用されていたとはいえ囲い込まれた難民キャンプでは、殺到する国際メディアによって逐一報道されながら、派手な人道援助活動が行われたことを思い出せば、さびしい対応しか人道援助組織は行うことができなかった。コンゴ東部の状況には、いわゆる「CNN効果」もほとんど働かなかった。実は戦争を仕掛けた者が、周到に準備をしている場合には、そのような「効果」は防がれるということなのか。あるいはコンゴ東部の状況には、ドラマ性がなさすぎたということなのか。あるいはかつて難民キャンプでの援助活動に従事していた諸団体のほとんどは、戦争とその被害の規模の大きさの前に、むしろ狼狽して傍観せざるをえなかったということなのか。

人道援助を行っているがゆえに、害悪が増大しているかもしれない、という観察は、衝撃的な認識である。人道援助活動が、善意の人々の寄付金によって運営されているような場合には、なおさらそうである。一九九四年以降のアフリカ中央部の悲惨な状況は、人道援助の役割について深刻な疑問を投げかけないではいられないものであった。

コンゴ東部地域だけでなく、スーダンのダルフール地域や南スーダンの地域、ソマリアを中心とするアフリカの角の地域、アフガニスタン、イラク、そして今日のシリアといった、二一世紀の人道的危機の数々の場面において、人道援助活動は献身的な努力を重ねてきている。これらの地域において抜本的な事態の改善が見られていないのは、人道援助活動の領域をこえた政治分野の事情のためだとしよう。しかし人道援助活動は、果たして本当に世界中で害悪の効果を持つことなく活動しえているのかどうか、常に検討され続けなければならない。

今日の援助業界において、「Do No Harm」原則は、合言葉のようになっており、むしろ流通しすぎていて当初の苦悩が忘れられているところもあるようにすら思われる。しかし人道援助が害悪をもたらしかねず、実際に甚大な戦争被害の拡大と無関係ではない歴史を持っていることは、人道的目的それ自体ではなく永続的な平和という目標に価値を見出そうとする平和構築の観点からは、極めて深刻な意味を持っている事実である。

3　人道援助活動の課題

†円滑な活動のための試み

人道援助活動は、状況を客観的に評価する指標を必要とする。援助対象国政府の要請に反応する前に、人道的危機それ自体に対応し、何が必要な支援なのかは、要請される以前に自分たちで把握することが、緊急事態では強く求められる。活動の必要性と具体的内容を計算していくための客観的基準が、緊急援助であるからこそ、いっそう必要なのである。

人間の生存に関わる基本的な必要性を示す概念は、「Basic Human Needs：ＢＨＮ」と呼ばれる。基礎的な人間の必要物を指すＢＨＮは、もともとは開発援助の分野で唱えられ、流通していった概念である。これもまた、時々の政治情勢などに左右されて必要性のない援助を行ってしまう危険性を避け、人間の生存にとって優先度の高い事項から援助を行っていくという考え方にそっている。日本語における「衣・食・住」に関する事項が該当するが、病気治療・疾病対策・保健衛生に関わる事項も、人間の生存にとっての必要性が高いものである。

開発援助と人道援助の双方を扱うUNICEFが採用しているのは、「権利に基礎を置くアプローチ」という意味で、「Rights-based Approach」と呼ばれるものである。このアプローチでは、援助が必要になる状況は、満たされるべき人間の権利が満たされていない状況だと想定される。こうした考えにしたがえば、人道援助活動は、被害者・被災者の人権が失われている状況を作り出した紛争や災害などの危機に対応し、基本的な人権を満たしていくために行われるべきものだと理解できるだろう。援助は慈善活動として追加的に行われるべきものではなく、人間としての基本的権利を失っている者が、権利を回復するのを手助けする活動だということが強調される。

必要性を根拠にするのであれ、権利を根拠にするのであれ、人道援助機関が高い優先度を与えて活動する領域は、より具体的には今日の「クラスター・アプローチ」で確立されているということもできるだろう。クラスター・アプローチとは、人道援助活動を効率的に行うために導入された仕組みである。国連、国際機関、NGOなどの無数の多様な人道援助組織が援助の現場に現れることによって発生しがちな活動内容の重複等の弊害を防ぐために、人道援助活動の現場では数多くの「調整」会議が開かれる。しかし全ての組織が集まって全ての問題を話し合うのでは、会議負担が大きく、かえって非効率的になる。そこで活動領域ごとに、関係する組織が集まって協議相談をするという方式が採り入れられるようになった。このような危機の現場での複合的な対応を、いくつかの活動領域に分けて調整をかけていく方式が、「クラスター・アプローチ」である。

このクラスター・アプローチは、二〇〇五年に国連人道問題調整事務所（ＯＣＨＡ）によって提案され、国連、主要な国際ＮＧＯ、国際赤十字・赤新月社連盟などによって合意された。人道援助の中核的な「クラスター」には、シェルター（居住環境整備）、水と衛生（water, sanitation and hygiene：ＷＡＳＨ）、保健、栄養、食糧などがあり、その他、教育、保護、キャンプの管理調整、物流、緊急通信などがある。それぞれクラスターに責任を持つ担当機関（Lead Agency）が定められている。たとえばキャンプ運営であればＵＮＨＣＲ、保健ならＷＨＯ（World Health Organization：世界保健機関）、物流はＷＦＰ、といった具合である。

クラスター・アプローチは国連主導で開始されたが、人道援助に携わるＮＧＯにも浸透している。たとえば「ＳＰＨＥＲＥプロジェクト」は、国際赤十字・赤新月社連盟、ＯＸ

FAM、CARE、セーブ・ザ・チルドレン（SCF）、World Visionなどの大手国際NGOが推進し、人道援助の原則を「人道援助コミュニティ（業界）」全体で確認しようとする運動である。『人道主義憲章と人道的対応の最低限の基準』と題された『ハンドブック』は、一九九八年に初版が出版され、改訂が重ねられて二〇一一年には第三版が出版されている。

そこではまず、人道援助コミュニティのアイデンティティを確認すべく、共通の信念が表明される。つまり「災害あるいは紛争の影響を受けた全ての人々は、尊厳を持って生存する基本的な諸条件を確保するための保護と支援を受ける権利を持っている」という「共通の信念」である。この信念に由来する人道主義の原則は「普遍的」であり、単に国際法に反映されているだけではなく、「人道性という根源的な道徳原則、つまり全ての人々は尊厳と権利を持って自由かつ平等に生まれたということ」に、のっとっている。人道主義憲章とは、そして人道援助コミュニティに加入するということは、「この人道性の原則に優越するものは何もない」という信念を共有することである。

この人道性の原則が謳う「尊厳を持って生きる権利」、「人道的支援を受ける権利」、「保護・安全への権利」を確保するため、人道援助団体は、さらに「保護の原則」にしたがい、「最低限の基準」を遵守できるように活動する。「保護の原則」とは、人々が人道援助によってさらなる害悪を受けることがないようにすること（Do No Harm原則）、人々が公平に援助にアクセスできるようにすること、暴力・強制からの物理的・心理的被害から人々を守ること、人々が権利を主張して救済を得られるように支援すること、である。そして「中核的基準」として、「人々中心の人道的対応」、「調整と協働」、「評価」などを挙げた上で、クラスター分類にそった「最低限の基準」を示していく。つまり「水の供給と衛生の向上」、「食糧保障と栄養」、「シェルター、定住、非食糧事項」、「保健行動」の各分野における人道援助の「最低限の基準」を示す。その内容は非常に具体的かつ詳細で、援助対象者数に対する提供物資の基準数などが細かく提示され、多岐にわたるチェック項目が留意点の漏れがないように設定されている。

ＰＫＯ分野においても、開発援助分野においても、一九九〇年代末の反省の時期をへて、二一世紀には新しいドクトリン・原則・指針が次々と確立されていく時代が始まった。人道援助の分野でも同じ傾向が見られる。活動対象の拡大と、取り組む問題の複雑性に直面して失敗も経験しながら、なお前に進んでいくために、日ごろから最善の指針を整理して精緻化することがどうしても必要になる。依拠することができる原則・指針を関係者が共有しているという自信があって初めて、現場での裁量的判断が円滑に行えるようになる。

人道援助の場合には、関与する援助団体の数が途方もなく多いため、活動を円滑に調整するための努力が強く求められる。だがそうした個別的事情をこえて、あるいは個別的事情があるためになおさら、他の分野と同じように、原則・指針を整理して精緻化しておくことが、強く求められるのである。

†襲われる人道援助従事者

近年の人道援助活動にまつわる深刻な傾向は、人道援助活動者に対する暴力行為の多発である。アフガニスタンの農村において、イラクの国連事務所において、ケニア・ダダーブのソマリア難民キャンプにおいて、その他の世界各所において、人道援助活動者は、武装攻撃を受けて、誘拐され、多くの場合にその命も喪失している。

個々人に対する暴力ではなく、組織的に人道援助組織の職員を狙って武装攻撃を仕掛ける場合が、増えているのである。この現象は、個別具体的な人道援助活動のあり方によって発生しているというよりも、世界全体での構造的な傾向として、発生してきている。現場の人道援助活動者の努力や配慮などによって最大限の安全を確保していくことは重要だが、それとは別の次元で、攻撃は発生している。全てを防いでいくことは、非常に困難であり、基本的には不可能である。

なぜ、いつから、このような事態が常態化してしまったのだろうか。紛争地の人道援助が危険と隣り合わせであることは、決して最近になって生まれた状況ではない。しかし政治的な動機で動いている集団に武装攻撃を仕掛けられるという事態は、古くから見られる現象とは言えない。おそらく冷戦終焉後の地域紛争の状況の中で、国際社会を代表しているかのように見られた人道援助活動者が、国際社会を憎む者によって、攻撃対象となってしまうという事態が発生してきた。そしてもちろん、さらに「対テロ戦争」の時代になって、抑圧的な帝国主義政策をとっているとされる諸国に加担しているかのように見られた人道援助活動者が、それらの国々を憎む者によって、攻撃対象となってしまうという事態が発生してきた。

すでに見たように、冷戦終焉後の世界は、湾岸戦争後にイラク北部において行われた大規模な人道援助活動によって始まったと言うこともできる。戦争当事者であった米英の戦闘機によって守られている環境において、中立性・公平性を標榜する人道援助組織が活躍したのである。サラエボへの人道援助空輸をめぐって、ルワンダ難民キャンプへの人道援助空輸をめぐって、コソボへの人道援助空輸をめぐって、国連の人道援助機関は、アメリカ軍などと事実上の協力関係を結んで、活動を進めた。ソマリアをめぐって、ボスニアをめぐって、ルワンダをめぐって、多くの人道援助団体が軍事力の行使を含む介入を大国に期待した。

アメリカとその軍事力が展開した地域においては、最も典型的には一九九九年以降のコソボや、二〇〇一年以降のアフガニスタンや、二〇〇三年以降のイラクにおいて、アメリカ政府から巨額の資金提供を受けたアメリカの人道援助組織が派手な活躍を見せたりするような傾向が、顕著になった。大多数が欧米諸国に本部・支部を持つ団体である人道援助NGOは、欧米諸国が主導する軍事作戦と一体化して活動しているかのように見られがちであり、特に欧米諸国に攻撃を仕掛けるようなテロ集団の標的となってしまう傾向を持っているのである。

こうした事情は、たとえば、「CIMIC」に関する活動の事例が飛躍的に増えていることなどとも関係しているだろう。「CIMIC」とは、一九九〇年代末以降に生まれた業界用語の一つである。「Civil-Military Co-operation」の略語であり、「民軍協力」と訳されることが多い。紛争地において、人道援助組織を中心とする民間団体と、軍事組織が、一定の協力関係をつくって活動する場合があることを前提にして作り出された概念である。

もっとも「CIMIC」自体は、NATOから発している用語であり、流通度が高いように見えるのは、NATOが現場でいち早く民軍協力の課題に直面していたからであろうと思われるが、真に一般化しているわけではない。国連人道問題調整事務所（OCHA）が中心となる場合であれば、「民軍調整（Civil-Military Coordination：CMCoord）」という語が用いられる。あるいは国連システム内であれば「CIMCoord」という語が用いられることもある。アメリカ軍が民間団体と協力して作戦行動を進める場合には、「民軍作戦（Civil-Military Operation：ＣＭＯ）」という語が用いられる。

たとえば輸送力に卓越する軍事組織が、人道援助団体の援助物資を運搬する役割を担ったり、アフガニスタンの「地方復興チーム（Provincial Reconstruction Team：ＰＲＴ）」のように軍事部隊が文民専門家とともに人道・開発援助活動にあたったりするような軍事組織の非軍事的活動を取り込んだタイプの「民軍協力」の形態がある。また、「ＤＤＲ」のように軍事組織専門家が文民専門家と協力して武装解除のような一連の活動を行う形態もある。

よりわかりやすいのは、軍事組織が、人道援助組織の護衛活動を行ったり、人道援助の現場の治安維持を行ったりする場合であろう。後者の活動は、最近ではかなり頻繁に、国連憲章七章の権威を参照した安全保障理事会決議によって裏付けられるようになった。「文民の保護（ＰｏＣ）」と総称されるようになった作戦形態もまた、一つの民軍協力の要素を持っているとも言える。

人道援助組織にとって困難な状況は、法律部門からもやってくる。たとえば国際刑事裁判所（ＩＣＣ）が、紛争地に近い場所で活動する団体に、訴追のために犯罪情報を提供するように求めることがある。その場合、国際人道法の尊重・促進の観点から、ＩＣＣに協力すべきかどうかは、ジレンマとなる。

人道援助活動者に対する武装攻撃は、過去十数年の間に、人道援助組織が軍事組織との距離を縮めたことと無関係ではない。冷戦終焉後の世界においては、国際社会は地域紛争の当事者に介入主義的な立場から対峙することが多くなった。特に「対テロ戦争」が進行中の世界においては、仮に人道援助組織がアメリカ政府と距離を保ちながら活動を進めたとしても、テロリスト勢力からは、「アメリカを中心とする国際社会の介入勢力の一部」と見られてしまう恐れは、常に存在する。

この傾向は、「普遍的国際社会」が、冷戦時代の東西二極構造からも脱却し、なお発展していく過程において、表出してきたものである。極めて構造的な事情の反映であるがゆえに、おそらくは一朝一夕には変わらない傾向である。

そうした認識に立って、日本の政府機関のように、あまり紛争地には関わらず、せいぜい自然災害後の緊急人道援助に携わることを基本線としていくような立場もありうるだろう。だが、たとえば「ＳＰＨＥＲＥ」プロジェクトを推進してきた国際ＮＧＯなどにとっては、紛争地で人道援助活動を行うことは、人道援助組織の使命であり、安易な回避は提唱しない。国際秩序を反映した政治的問題構造の中で、人道主義の原則を掲げた団体による人道援助活動は、今後も続けられていくのである。

†人道援助の未来

人道援助活動は、政治的思惑の要素が必ずしも重きを置かれない、純粋性を保持する領域の活動であると言える。だがそれだけに、本質的に政治的な性格を持つ平和を構築するための活動とは、相互利益をもたらすだけの関係ではなく、むしろ鋭い対立的な関係を持つ場合も少なくない。果たしてこの二つの分野の関係は、今後はどうなっていくのだろうか。

すでに見た軍事部門、法律部門、経済部門の活動の領域においては、二一世紀に入ってから様々な新しいドクトリンが生まれてきた。たとえば国連平和維持活動局は、伝統的な「中立性」原則に代わって、原則主義的な「公平性」原則を掲げることを表明した。戦争犯罪の分野では、一方的に欧米的な国際裁判所を設立するだけでなく、混合法廷の形をとりながら「アウトリーチ」活動などを通じて現地社会に法の支配の文化の影響を与えることを明示的に狙ったり、被害者救済基金の運用を通じて現地社会の和解促進につなげたりする戦略への移行が進んだ。開発援助の分野では、「オーナーシップ」原則を強調しながら、平和を維持するための現地社会の「能力強化」を進めることに力点を置く方向への進展が見られた。

これらは全て、平和構築の要請にしたがって、現地社会が自律的に永続的な平和を維持していけるように支援するために生まれてきた原則・指針の発展である。

人道援助の分野でも、同じような問題意識にもとづく傾向の変化が起こっていた。しかしあるいは他の分野ほどには明示的で劇的ではないかもしれない。本書が扱ってきた他の分野の活動と、人道援助活動が少し異なっているのには、理由がある。

人道援助は、一人ひとりの人間を援助対象者として扱っていく仕事である。人間を扱うのでなければ、人道的な支援も成り立ちえないはずである。この人間を扱うという人道援助活動の本質的な性格は、自律的な社会を作り出したいという問題意識を前面に出す他の分野の活動とは、実は異なっている。人道的であるがゆえに、集合的な社会の仕組みを中心的には論じないのである。

社会を扱う他の分野の活動に対抗して、人間個々人だけに焦点をあてるのが人道援助活動そのものなのだ、と頑なに主張し続けることも可能かもしれない。しかし不安定な世界を少しでも安定的なものにしたいという「普遍的国際社会」全体の要請にしたがって、平和構築活動が「オーナーシップ」を活かし切る支援戦略を精緻化している中、人道援助業界だけが無関係を装うわけにはいかないだろう。人間だけでなく、「社会」の改善をふまえた人道援助活動がありうるのか、ありうるとすればどのような形態になるのかは、全て今後さらに精緻化していかなければならない課題であろう。

繰り返し指摘したように、人道援助には、平和構築と対立的な関係を持つ傾向もある。ただし「社会」への支援を念頭に置いた人道援助が進展していくとき、人道援助と平和構築の関係にも、さらにいっそう新しいメスが入っていくことになるだろう。

おわりに

本書は、平和構築の多面的な性格を、いくつかの主要な活動領域ごとに分けて論じることによって描き出すことを試みた。もちろん本書が平和構築の包括的な全体像を提示したと主張するつもりはなく、むしろ各章では問題領域ごとに様々な論点について問いかけていく形式をとった。政治、軍事、法律、開発、人道のそれぞれの分野は、平和構築に収まらない、国際協力において大きな問題を内包している豊かな領域である。それが平和構築の視点から見ると、どのような問題を見せてくれるのかについて、何とか章ごとにまとめようとしてみた結果が本書である。

しかし本書が一貫して問い続けた問題がある。それは、われわれが生きる国際社会はどのような社会であるか、ということであった。それが平和構築という特定の紛争（後）社会に関する問題と照らし合わせてみたときに、どのような意味を持ってくるのかについて、私自身は非常に大きな関心を持っているのである。

本書は、現代世界において武力紛争が起こっているのは、特定地域においてであることを指摘し、その特定地域とは武力紛争だけでなく、その他の社会経済問題も深刻な形で累積している地域であることを指摘した。つまり、たまたま何らかの偶然で武力紛争がどこかで発生したり消えたりしているのではなく、紛争が起こりそうな地域において起こっているのが現代世界の武力紛争なのである。したがって武力紛争の問題は、現代の国際社会が構造的に抱え込んでいる問題の表出にすぎないと言える。そして武力紛争の解決のために行われる平和構築もまた、そのような構造的な問題を視野に入れることによって、その意味が判明してくるような活動なのだと言える。

われわれ日本人は、平和構築に関心を持ってはいるが、必ずしも大々的に全力で取り組んでいるとまでは言えない。誤解を恐れずに言えば、非常に表層的な理解だけで、平和構築が重要だとか、流行っているとかということを言い合っているにすぎないように感じるときもある。平和構築は、対象となる現地社会の人々にとっては生きるか死ぬかの問題である。同時に、われわれ全員が生きる現代の国際社会にとっても、実は生きるか死ぬかの問題に結びついているのである。世界の紛争地帯を放置しておけば、必ず国際社会全体が崩壊の運命をたどる。

現代世界では、国際社会全体の動向に影響されないで生きていくことなどはできない。

日本の多くの平和構築に関心を持つ方が、そのことについて考えるきっかけとして、本書を手に取ってくれれば、著者としてそれほど嬉しいことはない。

本書の成立にあたっては、筑摩書房の松田健さんに大変にご迷惑をおかけし、またお世話になった。私にとって新書の執筆は初めてであったため、松田さんの力がなければ書き上げることができなかっただろう。

本書の議論は、私の広島大学や東京外国語大学での講義やゼミ、そして各種の日本人向けおよび紛争後国の方々向けの研修・セミナーでのやり取りから着想を得たものが少なくない。また、様々な研究会などでのやり取りを通じて、他の研究者や実務家の方々からいただいた刺激も計り知れない。私との議論に時間を割いてくれた学生の皆さん、そして研究者・実務家の皆さんには、この場を借りて感謝を申し上げたい。特に本書における表の作成などにあたって、大学院生の秋元悠君の大きな協力を得たことはありがたかった。

最後になるが、本書の執筆には様々な負担がかかった。振り回してしまった家族の理解と支援には、深く感謝している。

二〇一三年九月

篠田英朗

参考文献（本文中で参照した文献および記述に直接関連する文献に限る）

〈全体に関するもの〉

篠田英朗『平和構築と法の支配——国際平和活動の理論的・機能的分析』（創文社、二〇〇三年）

篠田英朗『国際社会の秩序』（東京大学出版会、二〇〇七年）。

篠田英朗『「国家主権」という思想——国際立憲主義への軌跡』（勁草書房、二〇一二年）

〈第1章〉

武内進一『現代アフリカの紛争と国家——ポストコロニアル家産制国家とルワンダ・ジェノサイド』（明石書店、二〇〇九年）

Roland Paris, *At War's End: Building Peace after Civil Conflict* (Cambridge: Cambridge University Press, 2004).

Roland Paris and Timothy D. Sisk (eds.), *The Dilemmas of Statebuilding: Confronting the Contradictions of Postwar Peace Operations* (London and New York: Routledge, 2009).

Oliver P. Richmond, "The Rule of Law in Liberal Peacebuilding" in Chandra Lekha Sriram, Olga Martin-Ortega and Johanna Herman (eds.), *Peacebuilding and Rule of Law in Africa: Just Peace?* (London and New York: Routledge, 2011).

David Roberts, *Liberal Peacebuilding and Global Governance: Beyond the Metropolis* (London and New York: Routledge, 2011).

United Nations,"The Causes of Conflict and the Promotion of Durable Peace and Sustainable Development in Africa: Report of the Secretary-General", UN Document A/52/871 – S/1998/318, 13 April 1998.

OECD, *The DAC Guidelines: Helping Prevent Violent Conflict*, 2001（incorporating OECD, Conflict, Peace and Development Co-operation on the Threshold of the 21st Century, 1997）.

Paul Collier and Anke Hoeffler, "Greed and Grievance in Civil War", The World Bank Policy Research Working Paper 2355, May 2000.

Paul Collier, *The Bottom Billion: Why the Poorest Countries are Failing and What Can Be Done About It*（Oxford: Oxford University Press, 2007）.（ポール・コリアー〔中谷和男訳〕『最底辺の10億人』〔日経ＢＰ社、二〇〇八年〕）

Frances Stewart（ed.）, *Horizontal Inequalities and Conflict: Understanding Group Violence in Multiethnic Societies*（London: Palgrave Macmillan, 2008）.

Hedley Bull, *The Anarchical Society: A Study of Order in World Politics*（London: Macmillan, 1977）.（ヘドリー・ブル〔臼杵英一訳〕『国際社会論――アナーキカル・ソサイエティ』〔岩波書店、二〇〇〇年〕）

Anthony Giddens, *The Nation-State and Violence: Volume Two of A Contemporary Critique of Historical Materialism*（Cambridge: Polity Press, 1985）.（アンソニー・ギデンズ〔松尾精文・小幡正敏訳〕『国民国家と暴力』〔而立書房、一九九九年〕）

Michael Mann, *The Sources of Social Power: The Rise of Classes and Nation-states*, 1760-1914（Cambridge: Cambridge University Press, 1993）.（マイケル・マン〔森本醇・君塚直隆訳〕『ソーシャルパワー：社会的な〈力〉の世界歴史Ⅱ　階級と国民国家の「長い19世紀」』〔ＮＴＴ出版、二〇〇五年〕）

〈第2章〉

高野秀行『謎の独立国家ソマリランド』（本の雑誌社、二〇一三年）

Thomas Hobbes, *Leviathan* (London: Penguin Books, 1985)（トマス・ホッブズ［水田洋訳］『リヴァイアサン』［二］［岩波文庫、一九九二年］）

John Locke, *Two Treatises of Government* (Cambridge: Cambridge University Press, 1967), first published in 1690（ジョン・ロック［加藤節訳］『完訳 統治二論』［岩波文庫、二〇一〇年］）

マックス・ウェーバー（世良晃志郎訳）『支配の諸類型』（創文社、一九七〇年）

マックス・ヴェーバー（脇圭平訳）『職業としての政治』（岩波文庫、一九八四年）

United Nations Development Programme (UNDP), *Governance for Peace: Securing the Social Contract*, 2012.

ハロルド・ニコルソン（斎藤眞・深谷満雄訳）『外交』（東京大学出版会、一九六八年）

〈第3章〉

上杉勇司・青井千由紀（編）『国家建設における民軍関係——破綻国家再建の理論と実践をつなぐ』（国際書院、二〇〇八年）

Bruce Russett, *Grasping the Democratic Peace: Principles for a Post-Cold War World* (Princeton, NJ, Princeton University Press, 1993).

カール・マルクス（伊藤新一・北条元一訳）『ルイ・ボナパルトのブリュメール十八日』（岩波文庫、一九五四年）

カール・フォン・クラウゼヴィッツ（篠田英雄訳）『戦争論』（上・下）（岩波文庫、一九六八年）

International Commission on Intervention and State Sovereignty (ICISS), *The Responsibility to Protect*, 2001.

Clare Short, "Security, Development and Conflict Prevention," Speech at the Royal College of Defence Studies, London, May 13, 1998.

Boutros Boutros-Ghali, *An Agenda for Peace: Preventive Diplomacy, Peacemaking and Peace-keeping*, UN Document A/47/277 – S/24111, 17 June 1992.（『平和への課題』）

Boutros Boutros-Ghali, *Supplement to An Agenda for Peace*, UN Document A/50/60 – S/1995/1, 3 January 1995.（『平和への課題――追補』）

United Nations, "Report of the Panel on United Nations Peace Operations," UN Document A/55/305-S/2000/809, 21 August 2000.（『ブラヒミ・レポート』）

United Nations Department of Peacekeeping Operations and Department of Field Support, "United Nations Peacekeeping Operations: Principles and Guidelines," 2008.（『キャップストーン・ドクトリン』）

Inter-Agency Working Group（IAWG）on DDR, "The Integrated DDR Standards, Operational Guide," United Nations Disarmament, Demobilization, Reintegration Resource Centre, 2006.

United Nations, "No Exit without Strategy: Security Council Decision-making and the closure of Transition of United Nations Peacekeeping Operations: Report of the Secretary-General", UN Document S/2001/394, 20 April 2001.

OECD DAC, Guidelines and Reference Series: Security Sector Reform and Governance, OECD DAC 2005.

OECD DAC, Handbook on Security Sector Reform, OECD/DAC, 25 February 2008.

United Nations, "Report of the Secretary-General on Securing Peace and Development: the Role of the United Nations in Supporting Security Sector Reform," UN Document, A/62/659-S/2008/39, 23 January 2008.

"The Afghanistan Compact," Building on Success: The London Conference on Afghanistan, London 31 January - 1 February 2006.

〈第4章〉

藤田久一『戦争犯罪とは何か』（岩波新書、一九九五年）
Report of Secretary-General on the Rule of Law and Transitional Justice in Conflict and Post-conflict Societies, UN Document, S/2004/616, 23 August 2004.

〈第5章〉

元田結花『知的実践としての開発援助――アジェンダの興亡を超えて』（東京大学出版会、二〇〇七年）
OECD DAC, The Paris Declaration and the Accra Agenda for Action.
World Bank, *World Development Report*, 2011.
Report of the Secretary-General on Peacebuilding in the Immediate Aftermath of Conflict, UN Document A/63/881-S/2009/304, June 11, 2009.
平野克己『経済大陸アフリカ――資源、食糧問題から開発政策まで』（中公新書、二〇一三年）
Senior Advisory Group, Independent Report, "Civilian Capacity in the Aftermath of Conflict," United Nations, 2011.

〈第6章〉

ロニー・ブローマン（高橋武智訳）『人道援助、そのジレンマ――「国境なき医師団」の経験から』（産業図書、二〇〇〇年）
The Sphere Project: Humanitarian Charter and Minimum Standards in Disaster Response, 2011 Edition.
Mary B. Anderson, *Do No Harm: How Aid Can Support Peace- or War* (Lynne Rienner Publishers, 1999).（メアリー・B・アンダーソン［大平剛訳］『諸刃の援助――紛争地での援助の二面性』［明石書

店、二〇〇六年〕）
Fiona Terry, *Condemned to Repeat? The Paradox of Humanitarian Action* (Cornell University Press, 2002).
Linda Polman, *The Crisis Caravan: What's Wrong with Humanitarian Aid?* (New York: Metropolitan Books, 2010)（リンダ・ポルマン〔大平剛訳〕『クライシス・キャラバン——紛争地における人道援助の真実』〔東洋経済新報社、二〇一二年〕）
米川正子『世界最悪の紛争「コンゴ」』（創成社新書、二〇一〇年）

ちくま新書
1033

平和構築入門《へいわこうちくにゅうもん》
——その思想《しそう》と方法《ほうほう》を問《と》いなおす

二〇一三年一〇月一〇日　第一刷発行
二〇二二年　五　月二〇日　第三刷発行

著　者　篠田英朗（しのだ・ひであき）

発行者　喜入冬子

発行所　株式会社　筑摩書房
東京都台東区蔵前二-五-三　郵便番号一一一-八七五五
電話番号〇三-五六八七-二六〇一（代表）

装幀者　間村俊一

印刷・製本　三松堂印刷　株式会社

ISBN978-4-480-06741-8 C0231

ちくま新書

465 憲法と平和を問いなおす　長谷部恭男

情緒論に陥りがちな改憲論議と冷静に向きあうには、そもそも何のための憲法かを問う視点が欠かせない。この国のかたちを決する大問題を考え抜く手がかりを示す。

535 日本の「ミドルパワー」外交――戦後日本の選択と構想　添谷芳秀

「平和国家」と「大国日本」という二つのイメージに引き裂かれてきた戦後外交をミドルパワー外交と積極的に位置付け直し、日本外交の潜在力を掘り起こす。

885 過激派で読む世界地図　宮田律

コロンビア革命軍、ソマリアの海賊、タリバン。世界では、まだまだ過激派が社会に影響を与えている。彼らの思想や活動から、忘れ去られている世界地図を描く。

945 緑の政治ガイドブック――公正で持続可能な社会をつくる　デレク・ウォール　白井和宏訳

原発が大事故を起こし、グローバル資本主義が行き詰まった今の日本で、私たちはどのように社会を変えていけばいいのか。巻末に、鎌仲ひとみ×中沢新一の対談を収録。

852 ポストモダンの共産主義――はじめは悲劇として、二度めは笑劇として　スラヴォイ・ジジェク　栗原百代訳

9・11と金融崩壊でくり返された、グローバル危機という掛け声に騙されるな――闘う思想家が混迷の時代を分析、資本主義の虚妄を暴き、真の変革への可能性を問う。

980 アメリカを占拠せよ！　ノーム・チョムスキー　松本剛史訳

アメリカで起きつつある民衆の自発的蜂起が止まらない。金持ちから社会を奪還できるか。連帯は可能か。政治に絶望するのはこの本を読んでからでも遅くない！

997 これから世界はどうなるか――米国衰退と日本　孫崎享

経済・軍事・文化発信で他国を圧倒した米国の凋落が著しい。この歴史的な大転換のなか、世界は新秩序を模索し始めた。日本の平和と繁栄のために進むべき道とは。

ちくま新書

984
日本の転機
――米中の狭間でどう生き残るか
ロナルド・ドーア
三〇〜四〇年後、米中冷戦の進展によって、世界は大きく変わる。太平洋体制と並行して進展する中東の動きを分析し、徹底したリアリズムで日本の経路を描く。

1011
チャイニーズ・ドリーム
――大衆資本主義が世界を変える
丸川知雄
日本企業はなぜ中国企業に苦戦するのか。その秘密は、カネも技術もなくても起業に挑戦する普通の庶民のハングリー精神と、彼らが生み出すイノベーションにある！

900
日本人のためのアフリカ入門
白戸圭一
負のイメージで語られることの多いアフリカ。しかし、それらはどこまで本当か？　メディアの在り方を問い直しつつ「新しいアフリカ」を紹介する異色の入門書。

647
イタリア・マフィア
シルヴィオ・ピエルサンティ
朝田今日子訳
政・財・官だけでなく宗教界にまで広がるマフィア禍。ドラッグ、売春、資金洗浄、陰惨を極める暗殺事件……。国際政治をも動かす〝世界の黒幕〟の実態とは！

854
ニッポンの海外旅行
――若者と観光メディアの50年史
山口誠
なぜ最近の若者は旅に出なくなったのか？　戦後の各時代を象徴するメディアから、旅の形がどのように変化したか読み解き、現在の海外旅行が持つ問題の本質に迫る。

840
世界がわかる石油戦略
岩間敏
脱石油の時代と言われながら、なぜ石油の争奪戦は激化し、価格は乱高下しているのか。国際政治に密接に関わる石油問題を分析し、日本のとるべき戦略を提示する。

934
エネルギー進化論
――「第4の革命」が日本を変える
飯田哲也
いま変わらなければ、いつ変わるのか？　自然エネルギーは実用可能であり、もはや原発に頼る必要はない。持続可能なエネルギー政策を考え、日本の針路を描く。

846
日本のナショナリズム
松本健一
戦前日本のナショナリズムはどこで道を誤ったのか。なぜ東アジアは今も一つになれないのか。近代の精神史の中に、国家間の軋轢を乗り越える思想の可能性を探る。

1017
ナショナリズムの復権
先崎彰容
現代人の精神構造は、ナショナリズムとは無縁たりえない。アーレント、吉本隆明、江藤淳、丸山眞男らの名著から国家とは何かを考え、戦後日本の精神史を読み解く。

591
神国日本
佐藤弘夫
「神国思想」は、本当に「日本の優越」を説いたのだろうか？　天皇や仏教とのかかわりなどを通して、古代から近代に至る神国言説を読み解く。一千年の精神史。

847
成熟日本への進路
――「成長論」から「分配論」へ
波頭亮
日本は成長期を終え成熟フェーズに入った。旧来の成長モデルの政策も制度ももはや無効であり改革は急務である。国民が真に幸せだと思える国家ビジョンを緊急提言。

910
現代文明論講義
――ニヒリズムをめぐる京大生との対話
佐伯啓思
殺人は悪か？　民主主義はなぜ機能しないのか？――ニヒリズムという病が生み出す現代社会に特有の難問について学生と討議する。思想と哲学がわかる入門講義。

946
日本思想史新論
――プラグマティズムからナショナリズムへ
中野剛志
日本には秘められた実学の系譜があった。『TPP亡国論』で話題の著者が、伊藤仁斎、荻生徂徠、会沢正志斎、福沢諭吉の思想に、日本の危機を克服する戦略を探る。

866
日本語の哲学へ
長谷川三千子
言葉は、哲学の中身を方向づける働きを持っている。和辻哲郎の問いを糸口にパルメニデス、デカルト、ハイデッガーなどを参照し、「日本語の哲学」の可能性をさぐる。

ちくま新書

1005 現代日本の政策体系
——政策の模倣から創造へ
飯尾潤
財政赤字や少子高齢化、地域間格差といった、わが国の喫緊の課題を取り上げ、改革プログラムのための思考を展開。日本の未来を憂える、すべての有権者必読の書。

294 デモクラシーの論じ方
——論争の政治
杉田敦
民主主義、民主的な政治とは何なのか。あまりに基本的と思える問題について、一から考え、デモクラシーにおける対立点や問題点を明らかにする、対話形式の試み。

722 変貌する民主主義
森政稔
民主主義の理想が陳腐なお題目へと堕したのはなぜか。その背景にある現代の思想的変動を解明し、複雑な共存のルールへと変貌する民主主義のリアルな動態を示す。

655 政治学の名著30
佐々木毅
古代から現代まで、著者がその政治観を形成する上でたえず傍らにあった名著の数々。選ばれた30冊は混迷を深める時代にこそますます重みを持ち、輝きを放つ。

943 政治主導
——官僚制を問いなおす
新藤宗幸
なぜ政治家は官僚に負けるのか。機能麻痺に陥っている行政組織をどうするべきか。政策決定のプロセスから人事システムまで、政官関係の本質を問いなおす！

960 暴走する地方自治
田村秀
行革を旗印に怪気炎を上げる市長や知事、地域政党。だが自称改革派は矛盾だらけだ。幻想を振りまき混乱に拍車をかける彼らの政策を分析、地方自治を問いなおす！

873 道州制
佐々木信夫
中央集権国家としての日本はすでに破綻に瀕している。地方分権の理念を分かりやすく説きながら、諸外国との比較、様々なデータを参照し、この国の将来を考える。

ちくま新書

288
外国人労働者新時代
井口泰
本格的な少子・高齢化時代を迎え、外国人労働者や移民の受け入れが議論を呼んでいる。聞き取り調査や諸外国の経験を踏まえ「人材の集まる国」への処方箋を説く。

657
グローバル経済を学ぶ
野口旭
敵対的TOB、ハゲタカファンド、BRICs、世界同時株安……。ますますグローバル化する市場経済の中で、正しい経済学の見方を身につけるための必読の入門書。

516
金融史がわかれば世界がわかる
――「金融力」とは何か
倉都康行
マネーに翻弄され続けてきた近現代。その変遷を捉え直し、世界の金融取引がどのように発展してきたかを整理しながら、「国際金融のいま」を歴史の中で位置づける。

831
現代の金融入門【新版】
池尾和人
情報とは何か。信用はいかに創り出されるのか。金融の本質に鋭く切り込みつつ、平明かつ簡潔に解説した定評ある入門書。金融危機の経験を総括した全面改訂版。

962
通貨を考える
中北徹
「円高はなぜ続くのか」「ユーロ危機はなぜくすぶり続けるのか」。こうした議論の補助線として「財政」と「決済」に光をあて、全く新しい観点から国際金融を問いなおす。

973
本当の経済の話をしよう
若田部昌澄
栗原裕一郎
難解に見える経済学も、整理すれば実は簡単。わかりやすさで定評のある経済学者・若田部昌澄に、気鋭の評論家・栗原裕一郎が挑む、新しいタイプの対話式入門書。

977
現代《ヒュンダイ》がトヨタを越えるとき
――韓国に駆逐される日本企業
小林英夫
金英善
ものづくりの雄、トヨタ。その栄華はピークを過ぎたのか？　日韓企業のあいだで起きている大変化を検証しながら、日本企業が弱体化した理由と再生への道筋を探る。

ちくま新書

948
日本近代史
坂野潤治
この国が革命に成功し、わずか数十年でめざましい近代化を実現しながら、やがて崩壊へと突き進まざるをえなかったのはなぜか。激動の八〇年を通観し、捉えなおす。

994
やりなおし高校世界史
——考えるための入試問題8問
津野田興一
世界史は暗記科目なんかじゃない！　大学入試を手掛かりに、自分の頭で歴史を読み解けば、現在とのつながりが見えてくる。高校時代、世界史が苦手だった人、必読。

932
ヒトラーの側近たち
大澤武男
ナチスの屋台骨である側近たち。ゲーリング、ヘス、ゲッベルス、ヒムラー……。独裁者の支配妄想を実現、ときに強化した彼らは、なぜ、どこで間違ったのか。

935
ソ連史
松戸清裕
二〇世紀に巨大な存在感を持ったソ連。「冷戦の敗者」「全体主義国家」の印象で語られがちなこの国の内実を丁寧にたどり、歴史の中での冷静な位置づけを試みる。

888
世界史をつくった海賊
竹田いさみ
スパイス、コーヒー、茶、砂糖、奴隷……歴史の陰には、常に奴らがいた。開拓の英雄であり、略奪者で厄介者でもあった〝国家の暴力装置〟から、世界史を捉えなおす！

1013
世界を動かす海賊
竹田いさみ
海賊の出没ポイントは重要な航路に集中する。資源を海外に頼る日本の死活問題。海自や海保の活躍、国際連携、資源や援助……。国際犯罪の真相を多角的にえぐる。

1019
近代中国史
岡本隆司
中国とは何か？　その原理を解く鍵は、近代史に隠されている。グローバル経済の奔流が渦巻きはじめた時代から、激動の歴史を構造的にとらえなおす。